Le guide de L'HOMME STYLÉ... même mal rasé

LE GUIDE DE L'HOMME STYLÉ... MÊME MAL RASÉ
est édité par PYRAMYD ntcv
www.pyramyd-editions.com

Direction éditoriale : Céline Remechido
Suivi éditorial : Christelle Doyelle
Correction : Maud Foutieau
Conception graphique du livre : Carla Pieretti
Conception graphique de la couverture : PYRAMYD ntcv
Photographies de couverture : Chloé Gassian

ISBN : 978-2-35017-304-7
Dépôt légal : 2nd semestre 2013
Édition 02 : 2nd semestre 2013

Imprimé en France par Deux-Ponts

Le guide de L'HOMME STYLÉ... même mal rasé

GEOFFREY BRUYÈRE & BENOIT WOJTENKA

PYRAMYD

SOMMAIRE

3 LES ESSENTIELS DE LA GARDE-ROBE

4 ALLER PLUS LOIN SUR LE CHEMIN DU STYLE

LES AUTEURS

BONNEGUEULE – QU'EST-CE QUE C'EST ?

Notre ADN n'est plus vraiment celui d'un blog, même si c'est de là que nous venons. Nous sommes aujourd'hui une petite entreprise de six personnes, à la frontière du site de conseil en image, de la marque de vêtements et du réseau social. Nous n'avons ni la plume de *Vogue Homme*, ni les moyens titanesques des grands groupes de presse, mais, sur la base du partage, de la transparence et de l'action, nous voulons bousculer les règles d'un secteur que nous aimons profondément : la mode masculine. Et c'est ce que nous faisons depuis 2007.

Nous sommes partis d'un double constat édifiant. En termes de mode, les hommes sont assommés par des informations contradictoires, pas assez claires, voire pas assez objectives. Ils achètent avec un recul insuffisant sur la qualité, le style et l'origine des vêtements. Par ailleurs, beaucoup de marques à forte notoriété investissent en marketing plutôt qu'en qualité. Il en découle un jeu perdant-perdant. Le client n'en a pas pour son argent. Les jeunes créateurs et les marques vertueuses peinent à trouver leur marché. Sans compter l'impact sociétal néfaste à tous les niveaux : perte des savoir-faire textiles, marché de la mode biaisé, modes de production et transports nuisibles à l'environnement, offre qui s'uniformise, mauvaises conditions de travail dans le textile...

Nous nous sommes donné pour mission de réconcilier les hommes avec la mode masculine : bien acheter, bien s'habiller, s'amuser et partager. Nous souhaitons également aider les marques vertueuses à se développer, mais aussi prouver à tout le monde qu'une autre voie est possible.

Nous prenons envers nos lecteurs un engagement fort : les aider à développer leur style de manière simple, agréable et avec le meilleur rapport qualité-éthique-simplicité / prix. BonneGueule a maintenant un vrai impact : nous avons attiré 670000 lecteurs en 2012, et nous espérons en accueillir plus d'un million en 2013 grâce au simple bouche-à-oreille. Un vrai mouvement est en marche.

BENOIT – QUI SUIS-JE ?

J'ai écrit le premier article de mon blog BonneGueule.fr en juillet 2007 : cela fait donc plusieurs années que je m'intéresse inlassablement au rapport qu'entretiennent les hommes avec leurs vêtements.

J'ai toujours été très sensible aux formes et aux couleurs, ainsi qu'aux petits soucis de mes amis qui peinaient à trouver des vêtements qui leur plaisaient. Ce sont peut-être ces deux éléments qui m'ont permis de développer une approche unique de la mode masculine, au fil des années et des rencontres avec des passionnés. En effet, j'étais peu satisfait des conseils en mode masculine que je pouvais trouver quand j'ai commencé à creuser le sujet : trop élitistes, trop portés sur le rapport aux femmes, trop théoriques ou trop "fashion victim". Je me suis notamment intéressé aux problèmes des hommes face à la mode masculine, que ce soit leur manque de connaissances ou leur crainte de paraître efféminés ou superficiels. J'ai mis un point d'honneur à donner des conseils simples et faciles à appliquer pour choisir et assembler ses vêtements.

Je garde par ailleurs un attachement très fort pour Tours, où j'ai habité plus de dix ans. Je fais très attention à fréquenter une multitude de personnes de milieux très différents pour avoir un regard sur les hommes et leur style le plus juste et varié possible, et non conditionné par les défilés de mode et les soirées champagne.

GEOFFREY – QUI SUIS-JE ?

Originaire d'Alsace, j'ai travaillé plusieurs années dans le conseil en management, avant de rejoindre finalement Benoit dans l'aventure BonneGueule.fr en 2011. Ces premières années en entreprise ont structuré ma réflexion et m'aident à voir le vêtement sous un angle pratique, comme un sujet qu'il faut simplifier pour le rendre plus clair, afin de n'en retenir que l'important et l'applicable.

J'ai toujours baigné dans des milieux multiculturels, et j'ai eu la chance de séjourner longtemps dans plusieurs pays (Europe centrale, Asie, Moyen-Orient, États-Unis). Cela a fait naître en moi un regard sur les disciplines artistiques à travers différentes cultures : on ne peut pas prendre de recul sur sa propre culture et en saisir la beauté sans d'autres influences pour la comparer et l'enrichir. Aujourd'hui, ce sont la décoration d'intérieur, l'architecture et bien sûr la mode qui s'entremêlent, s'auto-alimentent et conditionnent ma vision du style. Et c'est ce regard pluridisciplinaire, mais ancré dans la réalité, que je souhaite partager avec nos lecteurs. Pour moi, un bon style masculin doit trancher avec le quotidien tout en restant sobre et viril. J'essaie de faire contraster les coupes, les matières et les influences. Par exemple, en associant un jean brut avec une grosse chemise de bûcheron, ou en portant dans la même tenue une belle veste de costume et une paire de rangers (oui oui, c'est possible).

Au quotidien, je cherche avant tout un équilibre entre le fonctionnel (confort, aspect pratique, polyvalence) et l'esthétique. J'ai souvent de gros doutes sur certains styles hyper hype, inconfortables et hors de prix, que l'on peut croiser dans les microcosmes de la capitale. J'essaie donc de partager une vision simple et réaliste, car à l'ère de l'Internet, le style ne devrait plus être traité comme un sujet compliqué.

PRÉFACE

Éric Briones

Directeur planning stratégique de l'agence Publicis EtNous
Créateur du blog DarkPlanneur
Co-auteur du livre *La Génération Y et le Luxe*, à paraître en février 2014 (Dunod)

J'ai eu la chance de rencontrer la team BonneGueule il y a quelques mois dans le cadre de mes travaux de recherche autour de la génération Y (18-30 ans). J'ai immédiatement adhéré à leur vision à la fois éducative et entrepreneuriale de la mode masculine. Ces réinventeurs du métier de tailleur à l'ère digitale vont plus loin qu'un simple reboot industriel : ils dessinent avec modestie et pragmatisme les contours d'une nouvelle masculinité, qui dépasse de loin le cadre de la génération Y.

Cette masculinité naissante, que j'oserais appeler celle des "geeks du vêtement", prend racine dans la singularité comportementale de l'homme par rapport à la mode. Une attitude à la fois ancrée dans la réalité et ludique, mais qui ose renverser la sacro-sainte influence de la marque, au profit d'un maître étalon : le rapport qualité/prix, exigence fondamentale en période de crise économique.

Le "geek du vêtement" se définit en trois points.

1. Une obsession de la déconstruction du vêtement, pièce par pièce, détail par détail : la description, dans la bouche d'un "geek du vêtement", d'une veste impeccablement taillée devient un exercice de rhétorique aussi exaltant qu'une présentation passionnée de la dernière moto Ducati sortie d'usine.

2. Une jubilation dans la maîtrise des codes stylistiques : le code vêtement est le nouveau totem tribal, élément constitutif d'un rituel, qui dépasse le simple look pour devenir la partie émergente d'une personnalité complexe. Le détail vestimentaire égotiste devient signe d'affirmation de soi.

3. Une définition ludique de l'allure : qu'on se le dise, l'allure pour l'écrasante majorité des hommes est le travail d'une vie... Pour le "geek du vêtement", c'est un jeu, l'équivalent d'un exaltant jeu de rôle multijoueurs, où chaque jour il acquiert une nouvelle compétence mode qu'il pourra éprouver sur son terrain de jeu préféré : le monde de l'entreprise !

Le "geek du vêtement" est un homme nouveau et fier. Il a depuis longtemps recyclé le métrosexuel. *Le Guide de l'homme bien habillé... même mal rasé* est son acte de naissance... Bonne lecture !

INTRODUCTION

Vous êtes en train de vous changer dans une cabine d'essayage et rien n'y fait : impossible de trouver un jean que vous aimez, vous n'avez pas de coup de cœur, et vous êtes, cette fois encore, hésitant sur vos achats. Mais comme il vous faut un nouveau jean, vous le prenez, fataliste... en vous demandant bien s'il tiendra plus de six mois et si sa coupe restera intacte.

Ou peut-être que vous avez toujours fait au plus simple dans l'achat de nouveaux vêtements, et que votre style, ni bon ni mauvais, est un peu trop sage. Pourtant, vous aimeriez beaucoup avoir un style qui reflète qui vous êtes (et non ce style du week-end, mi-adulte mi-ado). D'ailleurs, votre placard est rempli à craquer de vêtements que vous ne mettez plus (ou pire, que vous n'avez jamais mis), ce qui montre qu'il y a un problème quelque part.

Sans parler de ces samedis après-midi passés dans des boutiques surchauffées et bondées, avec des vendeurs parfois désagréables et peu impliqués...

Mais laissez-nous vous rassurer : cela n'est pas votre faute. À une époque où les hommes s'intéressent de plus en plus à leur style et renouent avec leur image, beaucoup se sentent perdus, ne savent pas où chercher, bombardés par des campagnes de publicité au coût pharaonique. Et comme si cela n'était pas déjà assez compliqué, les marques les plus visibles sont souvent celles qui présentent le pire rapport qualité / prix (il faut bien financer toute cette publicité et ces stars dont elles achètent l'image).

Heureusement, depuis quelques années, l'offre en mode masculine a été complètement bouleversée et tirée vers le haut. Alors que le milieu de gamme a été très longtemps négligé, de jeunes créateurs français ont investi ce créneau et proposent des vêtements avec un excellent rapport qualité / prix et un style portable par tout le monde. Et même les grosses marques d'entrée de gamme présentent désormais des collections mieux coupées et de meilleure qualité.

Trouver des vêtements qui vous conviennent n'a donc jamais été aussi simple qu'aujourd'hui : il y en a pour tous les goûts, tous les budgets, et nous allons vous expliquer comment en profiter. Il suffit de savoir où chercher, quoi choisir et comment assembler les pièces. Où, quoi et comment, c'est ce que vous apprendrez dans ce livre.

Nous verrons comment construire un style qui vous plaît, sans idées reçues (non, bien s'habiller ne coûte pas aussi cher que vous le pensez !). Nous vous expliquerons aussi quels sont les vêtements indispensables à votre garde-robe, et comment les choisir à votre taille, dans la bonne coupe et dans une belle qualité.

En quelques mots, avec ce livre, vous allez trouver votre style. Pas celui des défilés de mode, pas celui des soirées mondaines, simplement le vôtre : celui qui vous met en valeur dans la vie de tous les jours.

Et cela qui que vous soyez. Feuilletez un peu le livre, vous y trouverez des portraits d'hommes issus de secteurs très variés, créatifs ou non. Ils vous prouveront que, quels que soient votre âge, votre milieu et votre morphologie, une nouvelle image vous attend au bout du chemin.

Nous vous souhaitons une lecture riche et agréable. Et rappelez-vous d'une chose, le voyage compte autant que la destination !

Benoit & Geoffrey

LE B.A.-BA DE LA MODE MASCULINE

let's get it on
COMMUNE DE PARIS
CENTRE COMMERCIAL

LES IDÉES REÇUES À LAISSER AU VESTIAIRE

Que ce soit pour décrocher le job de vos rêves, séduire une fille, ou vous faire de nouveaux amis, certains états d'esprit apportent plus de résultats que d'autres. C'est aussi vrai quand on veut développer son style.

Des croyances limitantes et des inquiétudes représentent des obstacles majeurs à la progression de chacun sur le chemin du style. Vous aussi, vous avez peut-être déjà entendu cette voix dans votre tête qui trouve toutes les excuses possibles et imaginables pour ne pas passer à l'action, simplement parce que ne rien changer est l'option la plus confortable sur le court terme. Cette petite voix, nous l'avons souvent entendue, c'est pourquoi nous vous demandons une chose : mettez-la de côté, essayez des choses nouvelles, et faites vos propres expériences. Il faut se faire un peu violence pour progresser. Si toutefois la petite voix se faisait trop entendre, voici ce que nous avons à lui répondre !

"CETTE VESTE N'EST PAS PRATIQUE!"

Nous entendons aussi que les nouveaux vêtements sont moins pratiques que les anciens, ou moins fonctionnels : moins de liberté de mouvement, pas assez de poches, inutilisables pour faire du sport ou des activités salissantes. C'est tout à fait vrai, et c'est pour cette raison précise que vous devriez aussi réserver des vêtements à d'autres d'activités (sport, bricolage, marche en montagne). À chaque vêtement sa fonction. Quant aux poches, demandez-vous tout d'abord si tout ce que vous transportez est vraiment utile. Avez-vous réellement besoin d'autant de monnaie, de toutes ces cartes de réduction et de fidélité, et de toutes ces clés ? Et pour ce qui reste après cela, rien ne vous empêche de vous procurer un sac plutôt que de déformer les poches de votre jean et de votre veste.

3 TRAITS DE CARACTÈRE À DÉVELOPPER

ÊTRE CURIEUX

Être curieux vous permettra de pousser la porte de cette boutique que vous n'avez pas vue auparavant, de discuter avec le vendeur, et d'en apprendre plus sur ses choix de sélection. Être curieux, c'est aussi essayer des vêtements dont vous n'avez pas l'habitude.

ÊTRE OUVERT

Ne portez pas de jugement hâtif, surtout si vous débutez, car c'est la période où l'on a tendance à être assez négatif et réfractaire à la nouveauté et au changement. Au contraire, regardez les vêtements (surtout ceux qui sont haut de gamme) avec un regard neuf, en arrêtant de penser que le style n'est réservé qu'aux plus fortunés.

ÊTRE SENSIBLE

Être sensible, c'est remarquer la différence entre du synthétique et des matières naturelles, c'est être attentif au tombé d'une veste, ou à la coupe d'une chemise aux épaules. Observez attentivement les vêtements que vous essayez.

Il est possible de bien s'habiller en restant authentique et fidèle à soi-même. Et inutile d'en faire des tonnes si vous démarrez : une chemise en chambray, un chino, des mocassins qui ont un peu vécu, et c'est parti !

"JE PRÉFÈRE RESTER AUTHENTIQUE !"

S'habiller en "étant soi-même" n'est une option que si vous savez ce que vous faites. S'habiller de manière détendue, à votre façon, est une chose, mais négliger votre image en est une autre. Et paradoxalement, ceux qui s'habillent en "restant eux-mêmes" sont justement ceux qui portent le même jean délavé et le même sweat que tout le monde : difficile de faire plus impersonnel.

On retrouve aussi ceux qui se font habiller par leur copine, leur femme, voire leur mère. Est-ce que c'est cela être "soi-même", ou se trouve-t-on à l'opposé du résultat escompté ? Choisir un jean qui vous plaît, une veste qui vous correspond, des chaussures que vous adorez, voilà ce qui est authentique pour vous.

"BIEN S'HABILLER COÛTE UNE FORTUNE !"

Pas forcément. Les étiquettes de prix de certaines enseignes peuvent vous faire penser l'inverse, mais sachez que des vêtements bien coupés et à la bonne taille représentent déjà un progrès, sans rien changer à votre budget. Pour le reste, allez jeter un œil au chapitre dédié aux bonnes affaires, et vous verrez que l'on peut facilement s'habiller avec des vêtements de designers au prix du prêt-à-porter.

SACHEZ QUE DES VÊTEMENTS BIEN COUPÉS ET À LA BONNE TAILLE REPRÉSENTENT DÉJÀ UN PROGRÈS CONSIDÉRABLE, SANS RIEN CHANGER À VOTRE BUDGET.

"JE NE PEUX PAS BOUGER, CE N'EST PAS CONFORTABLE !"

Quand un débutant essaie une veste bien à sa taille, son premier réflexe est de faire des moulinets avec les bras, comme s'il s'entraînait au baseball, pour dire ensuite que la veste est trop petite, car elle l'empêche de bouger. Mais en dehors du sport, nul besoin de lever les bras au-dessus de la tête... Il n'est pas étonnant qu'un blazer restreigne vos mouvements : bien choisi, il optimise votre silhouette dans des positions "normales" et donne de la prestance à vos mouvements. Il vous force aussi un peu à vous tenir droit en redressant votre buste, ce qui améliore votre posture naturelle et redresse votre dos.

Même chose pour les chaussures de ville. Elles répondent à un usage citadin, et il est normal qu'elles n'offrent pas le même confort que des baskets après deux heures de marche. Il faut donc faire face à la réalité : des vêtements stylés et bien coupés ne seront jamais aussi confortables que ce vieux jogging que vous mettez le dimanche matin. Mais ne portez pas trop d'attention à cet aspect-là, vous n'avez simplement pas l'habitude d'être "maintenus" par vos vêtements.

Vous y prendrez toutefois goût et, avec le temps, vous trouverez vos nouveaux vêtements plus confortables que les anciens.

"LES GENS VONT ME TROUVER BIZARRE SI JE CHANGE DE LOOK !"

Le changement sera progressif. Les gens s'habitueront petit à petit à vous voir dans de nouveaux basiques, puis avec un nouveau manteau ou de nouvelles chaussures. Vous serez même surpris de voir que l'image que les autres ont de vous s'adaptera bien plus vite que celle que vous avez de vous-même ! Enfin, il n'y a aucun problème à afficher son propre style. C'est une preuve de caractère et d'intelligence sociale que d'exprimer sa personnalité à travers son style (à condition de rester subtil). Cela montre aussi que vous avez d'autres préoccupations plus importantes que ce que les gens peuvent penser de vos choix vestimentaires.

"JE SUIS TROP MAIGRE/TROP GROS/TROP PETIT POUR AVOIR DU STYLE !"

On a tous nos petites imperfections physiques. Et maîtriser son style est d'autant plus important que les bonnes coupes peuvent améliorer grandement les choses, si ce n'est résoudre totalement le problème. Quelques pages du livre seront consacrées à l'usage des coupes selon la morphologie, vous verrez que bien choisir ses vêtements peut faire des miracles.

On peut avoir beaucoup de style sans mesurer 1,90 m et avoir la taille mannequin. Si vous êtes menu, des vêtements ajustés et à la bonne taille font déjà 95 % du travail.

IL N'EST PAS ÉTONNANT QU'UN BLAZER RESTREIGNE VOS MOUVEMENTS : BIEN CHOISI, IL OPTIMISE VOTRE SILHOUETTE DANS DES POSITIONS "NORMALES" ET DONNE DE LA PRESTANCE À VOS MOUVEMENTS. IL VOUS FORCE AUSSI UN PEU À VOUS TENIR DROIT EN REDRESSANT VOTRE BUSTE.

"CETTE VESTE EST TROP SERRÉE !"

C'est une réaction fréquente chez nos relookés qui se sont habitués à porter des vêtements trop grands pour eux. Mais sachez qu'il est parfaitement normal qu'un vêtement serre légèrement certaines parties de votre corps (les épaules, les hanches, les cuisses), sans bien sûr exagérer. Par exemple, si votre chemise montre du jeu au niveau des épaules, ou si votre pantalon ne maintient pas votre taille, alors vous choisissez vos vêtements trop larges. Retenez qu'une pièce n'est trop serrée qu'à partir du moment où des plis disgracieux apparaissent.

"JE N'ARRIVERAI JAMAIS À AVOIR DU STYLE !"

Détendez-vous et soyez patient. Comprendre les théories sur la mode et les vêtements est très simple, mais les maîtriser demande un peu plus de temps. Sans grand sens artistique et sans dépense supplémentaire, n'importe qui peut s'habiller mieux que la moyenne. Nous vous le promettons.

Non, ce n'est pas trop petit, c'est simplement à votre taille. Rassurez-vous : c'est normal de se sentir légèrement maintenu quand on découvre enfin sa vraie taille de blazer.

CE N'EST PAS LA TAILLE (DE VOTRE GARDE-ROBE) QUI COMPTE

Mal s'habiller ou négliger son style est plus coûteux que vous le pensez. Et je ne vous parle pas de l'impact en termes d'image, mais bien du coût financier de vos éventuelles négligences.

Il est préférable de n'avoir que quelques vêtements bien choisis (les basiques et quelques accessoires), plutôt qu'une penderie remplie d'une cinquantaine de tee-shirts, jeans, pulls et hoodies tous aussi banals qu'interchangeables.

Alors que dépenser votre argent dans de nombreux vêtements bas de gamme ne procure aucun retour sur investissement, se concentrer sur la qualité améliorera mécaniquement votre look, sans que vous ne dépensiez plus.

NOTE

Les armoires de beaucoup d'hommes sont souvent pleines à craquer de vêtements inutiles qu'ils ne portent jamais. Du coup, quand ils songent à bien s'habiller et à acheter des vêtements de qualité supérieure, ils s'imaginent que cela va leur coûter une fortune de tout remplacer. Pourtant, il n'en est rien : une garde-robe bien pensée se veut minimaliste, mais composée de vêtements de qualité. Et ne revient pas plus cher au bout du compte.

BIEN CHOISIR SES POSTES DE DÉPENSE

Maintenant, portez un œil critique à votre garde-robe. Pensez-vous qu'il soit préférable d'avoir cinq chemises bas de gamme achetées 35 € chacune (et que personne ne remarquera), ou deux belles chemises à 80 € qui vous valent des compliments sincères et spontanés à chaque sortie ?

Le raisonnement est encore plus valable sur le jean. Deux paires de jeans délavés à 60 € n'ont rien à envier à un jean brut à 120 € coupé dans un beau denim japonais, qui vous accompagnera deux fois plus longtemps et se patinera avec le temps.

EXEMPLES INSTRUCTIFS

01

3 chemises à 39 € avec un peu de polyester = 1 très belle chemise de créateur en belle popeline, avec un col travaillé et des boutons en nacre à 120 €.

02

2 manteaux à 199 € (un par an) avec une coupe peu flatteuse et des épaules qui se déforment au fil des ans, des boutons en plastique et du synthétique = 1 manteau de créateur bien coupé en laine (et peut-être même un peu de cachemire) à 400 € qui vous fera sans problème trois ou quatre hivers.

03

3 paires de sneakers à 79 € qui se désintègrent en six mois = 1 belle paire de sneakers de la marque National Standard.

Une seule et même chemise de qualité peut se porter de nombreuses manières. Elle fonctionne ainsi parfaitement avec un costume ou un look blazer / chino...

... mais la même chemise en blanc (couleur pourtant jugée plus formelle) peut donner lieu à des looks décontractés. Vous pouvez la porter ouverte sur un tee-shirt, ou passer une veste en jean par-dessus.

ET MAINTENANT, FAISONS LE COMPTE

Restons du côté de votre garde-robe. Si vous ne vous intéressez au style que depuis peu, il est probable que vos placards regorgent de vêtements inutiles. Sortez-les tous et essayez d'estimer combien vous avez dépensé pour chaque catégorie de vêtements : chemises, tee-shirts, jeans, etc. Attention, le montant final risque de vous étonner !

Peut-être avez-vous déjà entendu parler du principe de Pareto, du nom de l'économiste qui l'a initié. L'idée sous-jacente est toute simple : 20 % des causes produisent 80 % des résultats. Par exemple, les 20 % du temps où vous êtes le plus productif génèrent 80 % de la valeur totale de votre travail.

La plupart des hommes portent les mêmes 20 % de leur garde-robe 80 % du temps qu'ils passent en dehors de chez eux. Calculez rapidement ce que vous ont coûté les 80 % de vêtements les moins utiles, et imaginez tout ce que vous auriez pu faire avec cet argent. Cela fait réfléchir, n'est-ce pas ?

Poussons encore plus loin, et intéressons-nous aux 20 % de vêtements que vous portez le plus souvent. Combien de compliments vous rapportent-ils ? Non pas qu'il faille s'habiller pour les compliments (même si c'est toujours agréable d'en recevoir), mais, si nous vous posons la question, c'est parce qu'un style bien construit rapporte TOUJOURS des compliments, car les gens sentent que vous avez réussi à exprimer qui vous êtes avec élégance.

Résumons. Aujourd'hui, 20 % de vos vêtements n'ont pas cette valeur ajoutée qui fait toute la différence, et les 80 % restants dorment au fond de vos placards alors qu'ils vous ont coûté du temps et de l'argent.

La raison est simple : vous n'avez pas encore su investir dans le bon type de vêtements. Et parmi ces vêtements qui vous apporteront une valeur ajoutée immédiate, nous ne pensons pas à des vestes en cuir Dior Homme ou à des sneakers Lanvin, mais tout simplement à des basiques de qualité.

DE L'AVANTAGE DES BASIQUES

Puisque vous avez ouvert ce livre, c'est que vous sentez qu'il reste une bonne marge de progression devant vous. Eh bien, sachez que la plus grande partie du chemin sera faite quand vous aurez coulé les fondations de votre garde-robe. Et ce ciment sur lequel vous pourrez construire votre style, c'est une bonne base de basiques !

Certes, ces vêtements coûteront individuellement plus cher que les anciens, mais il vous en faudra beaucoup moins. Vous ne dépenserez donc pas plus d'argent. Par ailleurs, les vêtements de qualité durent plus longtemps que leurs homologues du prêt-à-porter grand public. C'est flagrant, en particulier pour les chaussures et les jeans. Votre investissement de départ sera également plus rentable sur le long terme.

IL EST PRÉFÉRABLE DE N'AVOIR QUE QUELQUES VÊTEMENTS BIEN CHOISIS, PLUTÔT QU'UNE PENDERIE REMPLIE DE VÊTEMENTS AUSSI BANALS QU'INTERCHANGEABLES.

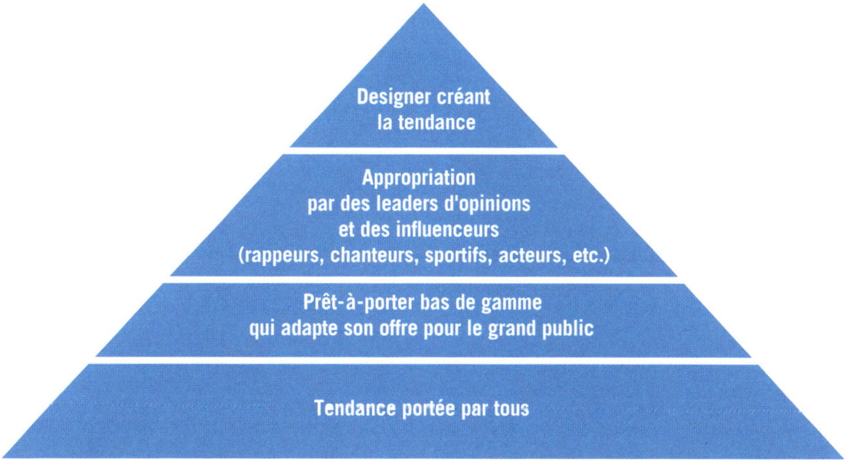

LES TENDANCES MEURENT, LES BASIQUES SURVIVENT

Dernier avantage des basiques de qualité, leur résistance face aux courants de la mode. Vous avez sans doute remarqué à quel point les modes changent vite. Il y a quelques années, on en était aux jeans slim et aux chaussures pointues, alors qu'aujourd'hui, chemises de bûcherons et chinos arpentent les rues de France et de Navarre. Il y a une raison à cela. La plupart des modes sont dictées par les poids lourds du secteur pour faire en sorte que les gens achètent plus. Pour les designers comme pour les grandes chaînes de vêtements, il faut que le vêtement soit remplaçable, éphémère, voire même consommable.

Les designers créent la tendance, les leaders d'opinion (chanteurs, acteurs, sportifs et autres personnalités) la relayent, et les masses se ruent sur les chaînes de prêt-à-porter qui ont adapté leur offre à mi-parcours.

Mais peu importe la vivacité ou la généralisation d'une tendance, cela ne sert à rien de suivre le troupeau si ce n'est pas quelque chose qui vous correspond. D'autant que ce n'est pas parce que des millions de gens suivent une tendance qu'ils ont bon goût.

Vous voyez où nous voulons en venir ? Ici encore, les basiques vous veulent du bien. Parce qu'un basique bien choisi, par définition, ce n'est pas un vêtement qui colle à une tendance (coupe, motifs, matières ou couleurs en vogue), mais un vêtement qui vous va, tout simplement.

Vous éviterez donc les principales erreurs que commet Monsieur ToutLeMonde (mauvaise taille, mauvaise coupe, mauvaise qualité) pour vous concentrer sur ce qui compte.

Et ce n'est pas pour autant que vous serez *has been* parce que rien ne vous empêchera d'accessoiriser vos tenues pour les faire davantage coller à votre contexte social, votre culture ou une mode qui vous plaît.

Un look simple composé de basiques bien choisis est largement suffisant pour débuter.

Chapitre 3

LES 10 BASIQUES QUI SERONT VOS MEILLEURS POTES

C'est toujours décevant de croiser dans la rue un homme habillé entièrement de pièces haut de gamme, mais sans aucun lien entre elles.

Et c'est encore pire quand la personne porte cette tenue décousue avec un air suffisant... alors que le résultat de cette débauche de vêtements est complètement approximatif. C'est d'autant plus dommage qu'il aurait suffi de quelques pièces plus neutres pour rééquilibrer la tenue, tout en apportant cohérence et simplicité.

Cette erreur est caractéristique des hommes qui aiment la mode, ont les moyens de mener loin leur passion, mais n'ont jamais pris le temps de construire les fondations de leur look. Et la source du problème se trouve la plupart du temps dans une mauvaise conception de ce que sont les basiques : "des pièces fades et sans grand intérêt". C'est faux ! Les basiques sont la base d'une garde-robe, et non de simples bouche-trous en l'absence de vêtements plus originaux.

Les basiques sont encore plus importants que votre blouson en cuir, votre chemise à carreaux ou vos sneakers de créateur, même si ces autres vêtements sont des paratonnerres à compliments. Sans eux, les autres pièces ne recueilleraient pas autant de suffrages.

7 BASIQUES — *À rassembler en priorité*

1. QUELQUES TEE-SHIRTS À COLS V OU RONDS
2. UN JEAN BRUT
3. UNE CEINTURE EN CUIR
4. UN BLAZER
5. UNE PAIRE DE CHAUSSURES HABILLÉES
6. UNE CHEMISE BLANCHE
7. UNE PAIRE DE SNEAKERS

3 AUTRES BASIQUES — *Pour compléter sa garde-robe*

1. DE LA MAILLE
2. UN MANTEAU D'HIVER
3. DE BONS PANTALONS (HORS JEAN)

Une chemise blanche, une veste grise dans une belle matière, un jean brut et une paire de beaux souliers constituent une base intemporelle qui vous servira tout le temps.

CONSEIL

Au fur et à mesure de votre voyage sur la route du style, voici comment vous devriez dépenser votre argent :

- **Achetez des basiques de bonne qualité (et avant tout deux jeans, un blazer et de bons tee-shirts unis).**
- **Cassez la monotonie sans trop dépenser grâce aux accessoires (bracelets bon marché, écharpes, lunettes).**
- **Développez l'originalité des pièces fortes choisies avec prudence (veste en cuir, sneakers de créateur).**

La garde-robe de base de l'homme stylé

Un manteau bien chaud dans des matières naturelles.

Quelques tee-shirts légers pour l'été.

Un ou deux blazers très b

Un ou deux chinos pour les jours chauds.

Deux jeans bruts qui feront de beaux délavages.

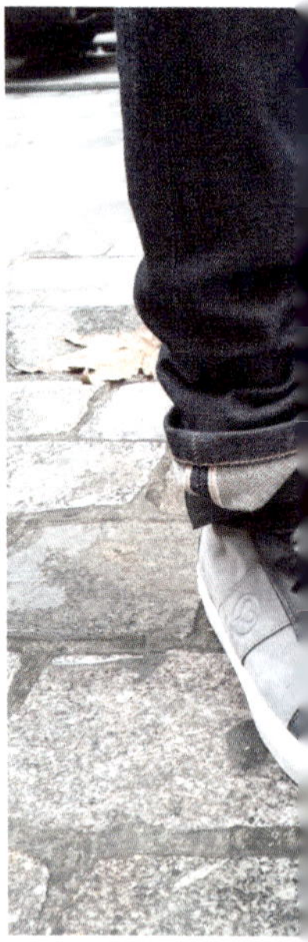

Une jolie paire de sneake

pés.

Quelques cardigans et pulls d'été en coton.

Une chemise blanche dans une très belle matière.

r le week-end.

Une paire de derbies ou de bottines, pour les looks plus formels.

Deux ceintures : une fine pour les costumes et une plus épaisse pour les autres pantalons.

JONGLER AVEC LES COULEURS, MAIS PAS COMME UN CLOWN

"Ma complexion est-elle de type printemps ou été ? Et mes taches de rousseur, j'en fais quoi ? Et si je bronze trop cet été, je passe en type automne ?" Pour beaucoup, les couleurs, c'est compliqué. Ça ne devrait pas être le cas.

Le sujet semble regorger de paradoxes et d'exceptions aux règles, qui sont elles-mêmes carrément obscures. La chromomorphopsychologie par exemple, vous connaissez ? Certains coachs vestimentaires se sont fait une spécialité de développer des théories pseudoscientifiques sur le sujet.

Le résultat, c'est vous, avec un regard perdu devant votre placard ou les rayons des magasins, à ne plus savoir quoi acheter. Il est temps de remettre de l'ordre. Oubliez tout ce que vous pensez savoir, les couleurs sont un sujet simple.

RAPPELS SUR LES COULEURS CHEAP

De la même manière que vous trouverez dans le prêt-à-porter des matières bas de gamme, vous croiserez aussi des couleurs bas de gamme. En observant avec attention les marques de luxe, vous remarquerez que les couleurs, même celles d'apparence banale, ont en fait une profondeur de ton et une subtilité que l'on ne trouve pas forcément ailleurs. Cela s'explique par le fait que la qualité des matières et celle des couleurs sont fortement liées. Les chaînes internationales investissent généralement très peu sur ces deux aspects, car leurs clients habituels sont peu regardants. En outre, les pigments de qualité et un bon processus de teinture coûtent cher.

La qualité s'en ressent immédiatement. Des couleurs haut de gamme ne sont jamais ternes ou fades. Même les gris, les pastels ou les teintes pâles recèlent une profondeur et des trésors de nuances. Le concept est un peu abstrait, mais faites le test vous-même et vous verrez de quoi nous parlons.

Quelques vêtements gris vous permettront de calmer des couleurs plus originales comme ce rouge bordeaux.

Nos couleurs préférées sont celles que vous trouverez chez Wooyoungmi pour les gris, les mauves et les violets. Rick Owens est quant à lui le maître des tons sable, beiges, taupe et métalliques. Pour le crème, c'est Maison Martin Margiela. Quant aux tons pastel, cela se passe chez COS, qui fait les choses tout en douceur et propose des vêtements faciles à porter et à assortir. Ce sont des exemples parmi tant d'autres, qui peuvent d'ailleurs fortement évoluer d'une saison à une autre.

Ce bordeaux que l'on ne rencontre jamais chez des marques classiques vous distinguera d'un classique costume anthracite.

La veste présente une longueur de manches parfaite.

Veillez à ce que la coupe de votre pantalon soit relativement ajustée afin d'affiner la silhouette.

Les très belles couleurs, aussi inhabituelles soient-elles, sont plus faciles à porter qu'on ne le pense. Et elles sont très élégantes en prime !

Voyez comme ce costume rouge bordeaux se porte finalement très bien avec une paire de chaussures marron.

Le bordeaux du costume permet d'encadrer étonnamment facilement une chemise à motifs travaillés. L'option *air tie* (chemise boutonnée jusqu'en haut) est toutefois réservée aux plus pointus d'entre vous !

LA RÈGLE DES COULEURS : SAVOIR QUELLES COULEURS PORTER UNE FOIS POUR TOUTES !

Nous avons tous lu des tonnes de règles sur les couleurs, du genre "les cheveux clairs se marient bien avec les couleurs sombres" ou "les peaux bronzées doivent porter des couleurs chaudes, et les peaux claires des couleurs froides". Certaines de ces règles peuvent s'avérer justifiées dans des contextes précis, mais elles restent bien trop générales et s'attaquent au problème sous le mauvais angle.

En tant qu'hommes, nous avons une palette de couleurs assez réduite à notre disposition. Bien plus réduite que chez les femmes, pour sûr. Les tons pouvant servir de couleur principale d'une tenue sont le blanc (risqué), le noir (encore plus risqué), le bleu, le gris, le sable et leurs déclinaisons.

Si un expert en mode vous dit que, d'après votre complexion, il va falloir que vous vous habilliez en orange, en rouge ou en brun pour le reste de votre vie, fuyez ! Mais alors quelle est la bonne approche des couleurs à adopter ? Et peut-on simplement éluder la question ?

En fait, les couleurs restent un sujet vraiment important, mais ce qui compte, ce n'est pas tant les couleurs elles-mêmes que la manière dont elles interagissent entre elles. Vous l'aurez compris, tout est une question de contrastes.

"Les tons d'une tenue doivent présenter le même niveau de contraste que celui qui existe entre votre peau et vos cheveux." Cette règle toute simple a sauvé des vies. En reproduisant entre vos vêtements le même niveau de contraste que celui qui existe déjà entre votre peau et vos cheveux, vous mettrez en valeur votre visage.

Mais attention, quand on parle de contraste, on ne parle pas forcément de porter des couleurs différentes, mais des TONS de couleurs différents. Les teintes de couleur vont du bleu au rouge en passant par toutes les couleurs de l'arc-en-ciel. À l'inverse, un ton va du clair au foncé. Une veste bleu marine et une chemise bleu ciel contrastent BEAUCOUP. Certes la teinte est la même, mais pas le ton. Une veste gris clair et un tee-shirt crème contrastent PEU. Les teintes ont beau être différentes, c'est le ton qui compte.

À RETENIR

1. Ne faites pas de la couleur une priorité absolue. La coupe et le style du vêtement sont plus importants.
2. Retenez que le conseil le plus simple est de reproduire l'intensité de contraste entre votre couleur de cheveux et la couleur de votre peau. C'est un conseil idéal pour débuter.
3. Ne raisonnez pas en "couleur tendance" ou "couleur de la saison". Commencez par des couleurs simples et intemporelles : blanc, gris, bleu et ses nuances, et beige.
4. Tout aussi importante que la couleur du vêtement, la texture de la matière joue beaucoup sur l'aspect d'une pièce. Donc, plutôt que de vouloir varier les couleurs, variez les textures et les matières.
5. Vous ne devriez pas avoir de noir dans votre garde-robe (ou alors très peu).
6. Les hommes qui se plaignent de ne pas savoir quelles couleurs porter sont ceux qui n'en essaient jamais. Forcez-vous absolument à essayer des pièces colorées en boutique.

QUELQUES EXEMPLES

1

CONTRASTE FAIBLE

Vous avez un physique scandinave, du genre blond à la peau claire? Ce seront alors des tenues relativement pauvres en contrastes, limites monochromatiques, qui vous iront le mieux.

2

CONTRASTE MOYEN

Si vous avez des cheveux sombres et une peau de teinte moyenne (comme le physique méditerranéen ou asiatique), alors il faudra reproduire ce contraste.

Vous pourrez par exemple porter une veste bleu marine (rappel cheveux) avec un tee-shirt gris chiné (rappel peau). Remarquez que les contrastes restent du même ordre que ceux que l'on a naturellement entre la peau et le visage.

3

CONTRASTE FORT

Si vous avez une complexion très contrastée, avec par exemple les cheveux noirs mais la peau très pâle, alors il ne faudra pas lésiner sur les contrastes, et porter par exemple un costume bleu nuit avec une chemise d'un blanc immaculé.

4

CAS PARTICULIER : LA COMPLEXION AFRO

Les complexions afro ou métissées se rapprochent en termes de contraste du physique méditerranéen. Si vous êtes dans ce cas, c'est sur celui-ci que vous pouvez vous calquer en adaptant le degré de contraste des vêtements à celui de votre complexion. Par contre, si vous avez à la fois la peau et les cheveux très foncés, ne vous prenez pas la tête, tout vous va. Évitez simplement les vêtements trop clairs qui risquent de capter l'attention aux dépens de votre visage.

Florian présente un contraste moyen entre sa peau et ses cheveux. On retrouve ce niveau de contraste entre les différentes pièces de sa tenue. Le résultat est équilibré.

Remarquez aussi que l'on peut créer un look original et coloré en restant dans une palette très restreinte de couleurs. Ici, il y en a trois : bleu marine, bleu canard et miel.

BIEN DÉBUTER AVEC LES COULEURS

La première règle des couleurs vous a permis de comprendre comment les assortir, mais pas lesquelles choisir. Le meilleur moyen de résoudre le problème des couleurs, c'est de ne pas le soulever. Car élaborer un modèle compliqué pour déterminer les couleurs qui vous vont, c'est être à peu près certain de vous planter. D'autant qu'au fond, toutes les couleurs majeures de la garde-robe masculine (blanc, gris, bleu clair/bleu marine, beige) vont à tout le monde.

Nous vous conseillons donc de vous concentrer sur cinq couleurs pour construire votre garde-robe : quatre couleurs majeures, et une autre plus originale, de votre choix, comme le violet ou un bleu électrique. Choisissez ces cinq couleurs, et déclinez-les en différentes nuances et tons pour pouvoir construire des tenues avec les bons niveaux de contrastes.

Le gris est particulièrement intéressant, car il s'assortit sans aucun problème avec n'importe quelle autre couleur par sa neutralité. Il est aussi très efficace pour calmer une tenue par ailleurs colorée, et peut être à son tour relevé avec des teintes plus chatoyantes.

Il est vrai que cinq couleurs, cela semble bien peu, mais vous remarquerez bientôt que les meilleurs styles sont généralement basés sur ces couleurs-ci, et qu'une bonne tenue présente rarement plus de trois couleurs différentes.

EXERCICE

Il est temps que vous vous rendiez compte par vous-même de l'utilité des concepts théoriques que nous venons d'aborder. Prenez des photos de vous devant le miroir avec différentes tenues. Certaines d'entre elles devront respecter la règle des couleurs, et d'autres non. Concentrez-vous sur le visage et vous constaterez que les tenues qui le mettent le plus en valeur sont celles qui respectent ce nouveau concept.

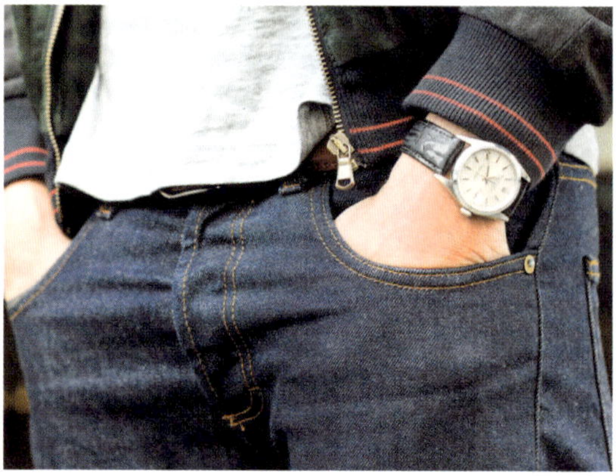

Ici, on a trois couleurs dominantes (vert sapin, bleu marine et gris), et une touche de rouge qui rehausse le tout. Le gris permet de lier l'ensemble.

Si vous ne vous sentez pas encore prêt pour la couleur, une palette plus simple, comme blanc, beige et bleu marine, reste tout à fait acceptable.

Contraste de peau moyen : on équilibre le look avec une chemise bleu médian qui contraste avec un tee-shirt bleu très clair.

Le chino plus foncé contraste lui aussi avec la chemise sans que le contraste ne soit trop faible ou trop marqué.

Les sneakers reprennent les couleurs de la tenue, ce qui permet de lier encore plus facilement l'ensemble.

On retrouve encore une fois une tenue avec des tons très simples, mais des vêtements bien coupés et dans de belles matières. Quelques accessoires (lunettes, bracelet, poches) ajoutent du détail. Et les sneakers racées dynamisent le tout.

LES TONS D'UNE TENUE DOIVENT PRÉSENTER LE MÊME NIVEAU DE CONTRASTE QUE CELUI QUI EXISTE ENTRE VOTRE PEAU ET VOS CHEVEUX.

UNE SILHOUETTE PLUS MASCULINE SANS TRANSPIRER

Contrairement à ce que les grandes marques veulent vous faire croire, il n'y a pas qu'UNE manière de s'habiller. Et un style qui colle à une personne donnée (ou un mannequin) ne sera pas forcément transposable à vous pour des raisons d'environnement professionnel et social, de carrure, de couleur de cheveux, de teint, etc.

Pour autant, il existe des proportions types vers lesquelles il faut tendre, et qui définissent une silhouette masculine : un ensemble athlétique, des épaules larges mais sans exagération, une certaine longueur de jambes et pas trop d'embonpoint. Mais cela ne sert à rien de trop se mettre la pression et de se trouver des complexes du type :

"Je fais 1,65 m, les manteaux longs ne sont pas faits pour moi."
"Des sneakers montantes? Il ne faut pas faire au moins 1,75 m pour porter cela?"

Cette logique est trop restrictive : votre taille et votre carrure actuelle ne doivent pas vous INTERDIRE des vêtements, mais plutôt être une base de départ, à partir de laquelle vous allez travailler pour tendre vers cette fameuse silhouette plus masculine :

"Je suis petit et mince, mon but est d'avoir l'air plus costaud et aussi d'allonger ma silhouette."
"Je suis grand et avec de l'embonpoint, je dois uniformiser ma silhouette et détourner le regard de mes hanches" (En parallèle d'un peu de sport si possible.)

Selon votre morphologie, il sera un peu compliqué de porter certains vêtements. Mais d'autres pièces permettront de tendre vers vos objectifs : un jean semi-slim allonge visuellement la jambe, un blazer bien construit donne de la structure aux épaules, une pièce fluide comme un trench floute une morphologie avec trop d'embonpoint ou un peu trop maigre...

SUBTERFUGES À VOTRE DISPOSITION

— *Horizontalité / verticalité*

Ces concepts de géométrie simples ont de nombreuses applications et vont vous permettre de rééquilibrer facilement votre silhouette.

Insérer de la verticalité va vous servir à avoir l'air plus grand si vous êtes petit, et à cacher des rondeurs si vous avez un peu d'embonpoint.

Exemples de pièces qui introduisent une verticalité : rayures verticales, jean ajusté, blazer bien cintré...

L'horizontalité va vous donner l'air plus costaud (si vous êtes mince ou vraiment très grand, ou que vos jambes ont naturellement l'air deux fois plus longues que votre torse).

Exemples de pièces qui introduisent une horizontalité : rayures horizontales, parka, chaussures massives, blazer avec épaules imposantes...

— *Proportions*

Il est possible de changer les proportions globales d'une silhouette. Sur quelqu'un qui est assez petit, on choisira un blazer plus court pour ne pas donner l'impression d'un buste démesurément allongé comparé à la longueur de jambes.

Autre exemple avec la région de la ceinture. Si quelqu'un a des jambes très longues par rapport à la longueur de buste, ou l'inverse, on peut facilement rééquilibrer sa silhouette en délimitant la zone frontière entre le buste et les jambes :

• On choisit un pantalon qui monte plus haut pour diminuer la longueur relative du buste. Ou qui tombe plus bas, également au niveau de la fourche (l'entre-jambe du pantalon), pour diminuer visuellement la taille des jambes.

• On peut aussi ajuster via les pièces du haut : avec un tee-shirt ou une chemise informelle plus ou moins long.

— *Rediriger le regard*

C'est un concept complémentaire, qui fait moins appel à des notions géométriques et davantage aux couleurs et aux accessoires.

Il consiste à orienter le regard de manière à détourner l'attention d'un endroit (la taille si vous avez un peu d'embonpoint) ou à mettre en valeur une autre partie de la silhouette (dans la plupart des tenues, cela sera en toute logique le visage).

On peut aussi rééquilibrer une silhouette en mettant plus de poids à certains endroits : sur un homme grand, des combat boots massives équilibreront un torse imposant. Ou une écharpe sur quelqu'un qui a des épaules assez fines.

— *Et maintenant*

Afin de vraiment rentrer dans les détails, nous allons aborder ce sujet vêtement par vêtement : vous saurez ainsi à quels critères faire attention pour acheter la pièce qui vous convient le mieux.

On utilisera à chaque fois les critères d'horizontalité / verticalité et les manières de détourner ou d'attirer le regard. La structure pourra, au bout de la troisième ou quatrième pièce, vous paraître rébarbative : c'est ce qui fait qu'elle est d'autant plus efficace pour vous aider à acquérir de vrais mécanismes de réflexion, qui vont devenir automatiques.

UN JEAN SEMI-SLIM ALLONGE VISUELLEMENT LA JAMBE, UN BLAZER BIEN CONSTRUIT DONNE DE LA STRUCTURE AUX ÉPAULES.

On retrouve beaucoup de lignes verticales dans cette tenue, avec le foulard porté de manière décontractée, et les pans du manteau qui tombent naturellement. On aboutit ainsi à une silhouette plus élancée.

LES VESTES

La veste est un vêtement qui a un impact important sur les proportions d'une tenue. S'attarder sur cette pièce permet de comprendre rapidement la logique de silhouette.

S'il est vrai que la sacro-sainte veste cintrée deux boutons, couleur gris anthracite, est un choix sans risques pour les morphologies standard, il y a une myriade de variantes bien plus adaptées aux autres physiques.

— *Le cintrage*

Un cintrage de veste accentué rajoute de la verticalité : c'est parfait si vous êtes petit et mince.

Par contre, si vous êtes costaud ou que vous avez un peu d'embonpoint, cela ne vous amincira en aucun cas : vous serez boudiné et cela sera inconfortable. Privilégiez des coupes droites ou plus amples. Bonne nouvelle pour votre budget, de nombreux destockeurs proposent des tailles 50 à 54 ultra bradées. Il s'agit la plupart du temps de marques assez grand public comme Boss ou Kenzo (souvent trop chères en tarif de base), à des prix assez réduits pour retrouver un rapport qualité/prix honnête.

À l'inverse, si vous êtes vraiment maigre, les marques asiatiques sont faites pour vous : elles sont taillées pour des morphologies plus fines qu'en Europe. Avec un gros budget, rendez-vous chez Wooyoungmi. Sinon, les vestes sud-coréennes, par exemple de Gmarket, seront de bons basiques de départ, à un bon rapport qualité/prix (attention par contre aux matières !). Vous pouvez également vous orienter vers la marque coréenne Kai-aakmann qui est l'équivalente de la marque française A.P.C.

— *La longueur générale*

La règle veut qu'une veste tombe au même niveau que la paume de votre main quand vous laissez pendre vos bras le long du corps. C'est la configuration la plus basique et la plus intemporelle (mais c'est à remettre en cause si vous avez les bras particulièrement longs).

Si vous faites une petite taille, prenez une veste plus courte pour rallonger visuellement vos jambes. C'est plutôt à la mode en ce moment, mais certainement pas amené à durer.

Nous vous déconseillons par contre vivement d'en prendre une plus longue si vous êtes grand : cela coincera au niveau des proportions.

— *Les revers*

Ils font la différence entre une très belle veste et une veste parmi d'autres. Trois aspects sont à prendre en compte : leur longueur (qui détermine aussi la profondeur du col), leur largeur et leur forme.

3 ASPECTS DES REVERS
— *À prendre en compte*

1. **LONGUEUR DES REVERS**
Si vous êtes petit, l'objectif est d'ajouter de la verticalité, et cela passe par des revers longs qui donnent une ouverture profonde à la veste. Si vous êtes grand avec de grandes jambes, vous pouvez suivre le même raisonnement pour rallonger votre torse.

2. **LARGEUR DES REVERS**
Elle dépend de votre carrure. Des revers trop larges ne vous rendront pas plus costaud, mais risquent au contraire de noyer votre torse. Idem pour des revers fins. Choisissez simplement une largeur de revers proportionnelle à la largeur de votre buste.

3. **FORME DES REVERS**
Revers à crans ou à pointes ? C'est vraiment un détail, mais sachez que les revers à pointes attirent davantage le regard vers le haut, et donc le visage. Dans un environnement ultra formel (banque, audit, etc.), cela reste cependant le privilège des seniors.

— *Les poches (et la pochette)*

Comme tous les détails, poches et pochette ajoutent de l'horizontalité au torse. À éviter donc si vous êtes petit. La pochette rajoute un détail au niveau des épaules et attire donc le regard vers votre visage.

— *Le nombre de boutons*

Avant de débattre sur le "un ou deux boutons", évoquons le costume trois boutons : c'est une construction un peu vieillotte et en voie de disparition, mais qui a le mérite d'attirer l'attention sur le visage. C'est utile pour les physiques avec de l'embonpoint.

Les vestes à un bouton sont à réserver aux costauds. Préférez une veste où le bouton est placé au point le plus avancé du ventre pour une adéquation plus naturelle avec votre silhouette. Les deux boutons restent la structure la plus conventionnelle, et qui convient le mieux à la plupart des silhouettes.

— *Les épaules*

C'est surtout votre carrure qui rentre en jeu : si vous êtes mince, vous devez rechercher des épaules avec un léger padding (le rembourrage qui structure l'épaule de la veste). Vous pouvez en trouver en particulier chez les marques scandinaves comme Acne (et son fameux modèle City). Les vestes de chez Ly Adams conviennent aussi très bien.

Si vous êtes costaud ou déjà très carré, orientez-vous plutôt vers des épaules naturelles (c'est-à-dire sans rembourrage). Elles sembleront sinon complètement disproportionnées par rapport au reste de votre torse, et surtout à votre tête.

— *Les motifs et la texture*

C'est l'un des éléments où l'horizontalité et la verticalité entrent le plus en compte.

Pour introduire de la verticalité, on pense tout de suite aux fines rayures verticales. Évitez simplement un contraste trop fort entre les rayures et le corps de la veste (pas de rayures noires sur une veste blanche par exemple : c'est un peu vulgaire).

L'horizontalité passe par la texture et les motifs. Une matière travaillée, comme une laine de costume mouchetée, donne de la consistance et du corps à la tenue. C'est aussi le cas pour les motifs (carreaux, prince-de-galles). Les rayures horizontales n'existent par contre pas sur les vestes.

— *La longueur des manches*

C'est un critère qui concerne surtout les grands : il est possible de raccourcir des manches, mais impossible de les rallonger de plus de 1 ou 2 cm. Vous devez donc être attentif aux manches lors de l'essayage et cibler les marques qui vous conviennent.

Hugo (à droite) a un peu plus de largeur d'épaules que Benoit (à gauche). Il peut donc porter des revers plus larges. Notez toutefois à quel point des revers larges accentuent encore la carrure du porteur.

LE MANTEAU

Un sujet sensible, surtout pour les petites tailles qui tendent à se l'interdire trop vite au profit du caban et des vestes.

— *La longueur*

Le manteau devrait tomber aussi bas que le milieu de votre cuisse. S'il mord sur les genoux, la silhouette en ressort visuellement raccourcie. N'hésitez pas à faire retoucher la longueur de vos manteaux pour respecter cette règle toute simple. Mais attention à ne pas trop enlever de longueur au risque de détruire les proportions propres à la pièce.

— *Les boutons*

Un boutonnage simple, avec de nombreux boutons bien visibles et qui introduisent éventuellement un contraste de couleurs ou de matières, rajoutera de la verticalité. C'est le choix parfait pour les petites tailles, ou ceux avec un peu d'embonpoint qui voudraient affiner leur silhouette.

Un boutonnage double et croisé (comme celui d'un trench-coat), avec des revers larges et imposants, donnera une impression d'horizontalité : un choix idéal pour les minces, et ceux qui voudraient mettre encore plus en valeur leur torse.

Pour les autres éléments, suivez le même raisonnement que pour les vestes.

La chemise en chambray avec ses poches poitrine permet de donner plus de carrure à un physique fin.

LES CHEMISES

Pour les motifs et le cintrage, suivez le même raisonnement que pour les vestes.

Les manches pourront vous poser problème si vous êtes grand : vous devrez vous orienter soit chez les marques haut de gamme type Melinda Gloss, soit chez les marques suédoises type COS ou Acne. COS fait de très bonnes chemises d'entrée de gamme.

Si les manches sont trop longues, ce n'est pas vraiment très grave : du moment que l'emmanchure est resserrée, la matière superflue s'empilera sans effet bouffant, et le poignet de la chemise ne mordra de toute façon pas sur votre main.

Si vous êtes vraiment trop mince (ou si c'est hors budget), regardez du côté des marques asiatiques, comme Uniqlo. C'est également ici que le sur-mesure peut intervenir (et ce n'est pas forcément beaucoup plus cher).

ASTUCE

Les chemises en chambray sont idéales pour élargir facilement votre silhouette : d'une part grâce à leurs poches poitrine, et ensuite car vous les portez généralement manches retroussées, ce qui ajoute un élément d'horizontalité au niveau des bras.

LES ÉCHARPES

Elles ont un rôle polyvalent, selon votre manière de les porter. Avec un nœud massif, elles rajoutent de la consistance, et donc de l'horizontalité. Par contre, si vous les laissez négligemment pendre le long de votre torse, elles forment une ligne verticale de plus.

LES CARDIGANS ET LES PULLS

Pour la profondeur du col et le nombre de boutons, suivez le même raisonnement que pour les vestes.

Si vous avez un peu d'embonpoint, privilégiez un boutonnage long, qui remonte assez haut : il affinera la silhouette et attirera l'attention sur le visage. Accentuez cet effet en choisissant des boutons et un liseré contrastant le long du col.

La marque Six & Sept propose des cardigans à liseré contrastant, fabriqués en Italie et à un excellent rapport qualité / prix.

Un col châle imposant sera l'ami des grandes tailles et surtout des grands cous. À éviter si vous avez une petite tête sous peine d'être enfoui dans votre cardigan, un peu comme une tortue dans sa carapace.

Côté matière, un cardigan épais donnera plus de consistance à une silhouette mince, et mettra aussi en valeur la musculature.

ATTENTION

Le col en V est un col très répandu, et parfois à tort. Pourquoi ? Car il redirige le regard vers le bas. Inutile si vous avez de l'embonpoint : le dernier endroit où orienter le regard étant précisément le ventre.

Un pull en grosse maille virilise un look en lui donnant un aspect plus brut. L'écharpe volumineuse permet quant à elle de donner de la carrure en épaississant visuellement les épaules.

LES CHAUSSURES

Abordons directement le sujet qui fâche : les sneakers et les bottes (les modèles plutôt épais, type workboots et rangers, pas les santiags !).

Pour les grands, aucun problème à signaler : elles redirigent le regard vers le bas et donnent plus de consistance à la silhouette. La seule chose sur laquelle vous devez être vigilant, c'est le pantalon avec lequel vous les assemblerez : trop slim et vous aurez l'air de porter des péniches, trop large et le pantalon s'écrasera d'une façon peu esthétique sur les chaussures.

Pour les petits, les choses se corsent, car leurs jambes ont déjà visuellement l'air plus courtes : des sneakers trop imposantes ou des bottes chargent le bas. Et si elles remontent assez haut, elles tassent le pantalon, ce qui fait des plis et rajoute de l'horizontalité.

Il reste possible de porter des sneakers montantes ou des bottes en étant petit, mais vous devez faire attention à limiter les dégâts. Pour chaque type de chaussure, le mieux reste de faire des essayages et de trouver avec quel pantalon on obtient le meilleur rendu. Faites avant tout varier l'ouverture à la cheville, c'est le principal critère sur lequel jouer.

LES TEE-SHIRTS

Les considérations sur le col sont les mêmes que pour les pulls. Profitez par contre de pièces particulières comme les marinières, avec leurs rayures horizontales, pour renforcer facilement votre carrure.

PARTICULARITÉ

Les tee-shirts présentant des poches poitrine avec un fort contraste sont légion. Ils attirent le regard vers le haut et rajoutent de l'horizontalité au niveau de la poitrine, ce qui renforce votre carrure. Avec un contraste sobre, c'est toujours bon à prendre.

LES JEANS

Si la coupe que l'on recommande le plus souvent est le semi-slim, il y a des exceptions selon les morphologies.

Les plus costauds d'entre vous, qui font notamment de la musculation ou des sports comme l'équitation ou le rugby faisant beaucoup travailler les fesses et les cuisses, peuvent rencontrer des problèmes avec des coupes trop ajustées. Dirigez-vous alors vers des modèles coupe droite, type Rescue ou Standard chez la marque A.P.C. Le prêt-à-porter grand public est aussi relativement adapté, évitez juste les poches arrières surchargées de détails de mauvais goût.

Les jeans slim et semi-slim sont aussi inadaptés aux grands, à qui ils rallongent outre mesure les jambes. Par contre, si vous avez les jambes vraiment très fines et que, sur vous, même un semi-slim ressemble à un baggy, rendez-vous chez des marques comme Cheap Monday ou April77.

Même raisonnement avec les chinos et les autres pantalons. Sauf que l'on y rajoute la question des motifs et de la texture.

ASTUCE

Choisissez des jeans selvedge, et portez-les en retroussant l'ourlet pour rajouter de l'horizontalité et mettre en valeur ce détail un peu coloré.

ATTENTION

Les pantalons taille basse sont vos pires ennemis si vous faites une petite taille. Portez vos pantalons pile au niveau des hanches (sans aller jusqu'à une taille haute, trop old school).

LES RETOUCHES

Vous avez trouvé la pièce de vos rêves, mais elle n'obéit pas aux règles que nous venons de voir ? Une seule solution : la retouche. Mais attention, tout n'est pas retouchable, et certaines retouches faciles sont souvent méconnues.

— *La longueur générale*

Vous pouvez faire raccourcir un vêtement sans le dénaturer : une veste un bouton à laquelle on enlève 20 cm devient disproportionnée. Mais une retouche sur 10 cm est tout à fait jouable.

Attention aussi à la présence de poches latérales qui peuvent perturber l'opération. Les retouches de longueur les plus pertinentes se font généralement sur la longueur des manteaux.

— *Les manches*

Raccourcir une manche est une opération basique, sauf lorsqu'il y a une boutonnière ou un autre détail particulier qui empêche de faire un simple ourlet au poignet.

Cela oblige alors le retoucheur à enlever du tissu au niveau de l'épaule et donc à réassembler entièrement la manche, ce qui vous coûtera plus cher.

Peu de gens le savent, mais vous pouvez aussi allonger une manche de 1 ou 2 cm si le fabricant a prévu un peu de marge de matière en haut du bras, au-dedans de la manche. C'est le cas sur les vêtements de bonne qualité.

ATTENTION

Ne raccourcissez pas trop les manches de vos manteaux, qui doivent être un peu longs ; la manche doit mordre sur la main pour vous protéger du froid et des intempéries.

— *Les jambes*

On peut faire resserrer les jambes pour obtenir une coupe plus ou moins proche de la coupe semi-slim (on parle de coupe cigarette sur les costumes).

Et bien entendu, tout est permis en termes de longueur de jambes, si le fabricant a prévu comme pour les manches un peu d'excédent de matière qui permet de rajouter 2 cm, ou de retrancher autant que nécessaire.

ASTUCE

N'hésitez pas à amener chez votre retoucheur un vêtement avec une coupe que vous aimez pour lui faire comprendre plus facilement l'effet que vous recherchez.

— *Le cintrage*

Une autre opération simple, mais a laquelle il faut bien réfléchir avant de se lancer, est la retouche du cintrage. Cela consiste à resserrer la taille d'une veste pour qu'elle colle davantage à vos flancs.

— *La taille*

Les fabricants laissent généralement un surplus de tissu dans le derrière du pantalon et sur les côtés : vous pouvez donc légèrement agrandir la taille, ou la rétrécir, en général d'une taille.

Par exemple, si la veste d'un costume vous va, mais pas son pantalon, vous pouvez l'ajuster de la taille 46 jusqu'à la taille 50.

ATTENTION

Ne cintrez pas trop un blazer sous peine d'obtenir un rendu trop féminin.
Et n'attendez pas d'un manteau un cintrage très prononcé, car vous devez pouvoir porter de nombreuses couches de vêtements sous le manteau au plus fort de l'hiver : chemise, pull, blazer.

Un bon retoucheur peut faire des miracles, et même sauver votre jean préféré.

LES FABRICANTS LAISSENT UN SURPLUS DE TISSU DANS LE DERRIÈRE DU PANTALON ET SUR LES CÔTÉS : VOUS POUVEZ DONC LÉGÈREMENT AGRANDIR LA TAILLE.

PERSONNALITÉ : IMPOSER SON STYLE SANS METTRE LES PIEDS DANS LE PLAT

Ce chapitre va vous paraître abstrait, et c'est normal, il l'est. Il y a une bonne raison à cela : il nous paraît important que vous compreniez que le style est quelque chose de plus grand que ce à quoi vous ressemblez dans vos vêtements. Car trouver son style, c'est quelque chose qui demande un mix d'état d'esprit, de sensibilité et de savoir, qui dépasse largement le cadre strict de ce que vous portez.

Une croyance très répandue veut que les hommes qui s'habillent avec goût et aisance naturelle soient nés avec le sens du style. Un peu comme si certains recevaient au berceau le sens des couleurs et des proportions, dans le même pack que le biberon et la tétine. Ce mythe est renforcé par le fait que les gens vraiment stylés (ce qui ne veut pas dire "à la mode") semblent négliger leurs vêtements et s'habiller à l'instinct, sans théoriser. Rassurez-vous, ils ne font qu'appliquer inconsciemment les principes que vous découvrez dans ce livre. Avec un peu d'intérêt et un gramme d'efforts, vous allez vous aussi développer une vision du style qui dépasse ce à quoi doit ressembler une chemise bien coupée.

Et cette vision sera votre fil directeur dans l'expression de votre personnalité à travers votre apparence. Et non, personne ne sait s'habiller avant de savoir lire !

AIGUISEZ VOS SENS

Lire des magazines de mode ne sera pas suffisant pour améliorer votre perception du style. Par contre, le monde autour de vous est incroyablement riche, pour peu que vous sachiez où regarder. La prochaine fois que vous prenez un café en terrasse ou que vous buvez un soda sous un arbre en été, essayez de ressentir ce qui vous entoure.

Apprenez à apprécier votre environnement à sa juste valeur. Et commencez par fermer ce livre une seconde. Si vous êtes dans une grande ville, sortez un peu et observez l'architecture autour de vous. À Paris, faites un tour au musée Rodin, au Louvre, et redécouvrez les monuments qui se sont mis à faire partie du décor avec l'habitude. Vous les voyez tous les jours, mais vous ne les regardez plus. Redécouvrez les musées de votre ville, les galeries de photographie et les expositions d'art.

À la campagne, il y a aussi des choses à apprendre. Portez attention aux couleurs qui vous entourent : repérez les nuances de vert dans la nature, essayez de vous perdre dans la couleur du ciel bleu ou des nuits d'été.

Familiarisez-vous avec les proportions du corps humain : comment s'agencent le squelette et les muscles, quelles sont les grandes lignes du corps de l'homme et de la femme.

Inutile de vous intéresser à tout, sélectionnez un ou deux domaines créatifs en lien avec la mode (pas la musique ou la cuisine, par exemple), et essayez de vous y intéresser. Identifiez ce que vous y aimez ou non, et pourquoi. Architecture, peinture, sculpture, photographie, design, cinéma classique, c'est vous qui choisissez.

TROUVER SON STYLE, C'EST QUELQUE CHOSE QUI DEMANDE UN MIX D'ÉTAT D'ESPRIT, DE SENSIBILITÉ ET DE SAVOIR QUI DÉPASSE LARGEMENT LE CADRE STRICT DE CE QUE VOUS PORTEZ.

Nos villes recèlent de trésors, il suffit souvent de lever la tête. Demandez-vous ce que vous évoquent les façades des bâtiments, quels styles d'architecture vous aimez, et pourquoi. Faites pareil avec la peinture, la sculpture, la photographie, le design d'intérieur pour développer votre sensibilité aux formes et aux couleurs.

UNE BONNE MANIÈRE DE PRENDRE DU RECUL EST DE MOINS TENIR COMPTE DES OPINIONS AUTOUR DE SOI ET D'ÉCOUTER DAVANTAGE SON INSTINCT.

PRENEZ UN PEU DE RECUL

— *Ne vous mettez pas la pression*

Plus important que savoir apprécier les belles choses, il faut être capable de prendre du recul pour porter un jugement critique sur elles. Le monde n'est pas noir ou blanc, les vêtements non plus. Évitez les opinions manichéennes qui vous font mettre les vêtements dans des cases "moches" ou "beaux". Parfois, on ne peut pas savoir si un vêtement est beau ou moche. Bien sûr, le jugement dépend des goûts de la personne, mais une pièce peut être géniale dans une tenue et horrible dans une autre. Souvent, il est très difficile de prévoir l'intérêt d'un vêtement avant de l'avoir porté en conditions réelles. Alors, ne vous mettez pas la pression pour juger tout ce que vous voyez.

— *Jugez de l'intérêt d'un vêtement*

Une bonne manière de prendre ce recul nécessaire est de moins tenir compte des opinions autour de soi, et d'écouter davantage son instinct. Dans quelques mois, vous serez capable de dissocier la nature objective et subjective de votre jugement, mais pour l'instant, suivez vos intuitions, et ne soyez rationnel qu'en ce qui concerne le fit, la coupe et la qualité des pièces.

Par exemple, prenons le cas d'une chemise que vous avez vue quelque part. Vous la trouvez vraiment bien et vous estimez que le style s'intègre bien avec le reste de votre garde-robe. Toutefois, elle apparaît comme trop large au niveau des épaules (la couture de la chemise arrive en dessous de la cassure de l'épaule). Soyez rationnel, n'achetez pas cette chemise. À l'inverse, si la taille, la coupe et la qualité sont au rendez-vous, si vous avez besoin d'une chemise et si vous êtes en train d'hésiter sur l'achat, alors fermez les yeux et agissez au feeling.

SÉLECTIONNEZ DES VÊTEMENTS QUI VOUS FONT ÉCHO

— *Les vêtements vous parlent...*

Un vêtement doit faire écho à votre personne. Nous avons la ferme conviction qu'avoir son propre style est la résultante d'une bonne connaissance de soi. Apprécier un vêtement, c'est essayer de comprendre à quelle partie de vous s'adresse ce que vous regardez, touchez ou portez. C'est un peu mystique, mais cultiver cette approche en profondeur du style vous aidera à trouver le vôtre.

Prenez un tee-shirt à col V profond American Apparel, par exemple. Il a une bonne coupe et la qualité est indéniable. Malheureusement, il est vrai que ces vêtements ont aujourd'hui une connotation un peu trop hype. Alors si vous ne vous projetez pas dans ce tee-shirt, car vous le ressentez en décalage avec vos valeurs ou votre sous-culture, ne l'achetez pas. Même si c'est une pièce de designer et qu'un ami vous a dit que cela collait bien à votre personnalité, orientez-vous vers autre chose. Vous seul savez qui vous êtes ! Oui, vos achats devraient être à votre image. Achetez des vêtements qui collent à votre personnalité profonde est la première étape pour construire un style qui vous fait écho.

— *... et vos sens y répondent*

Pour apprécier les vêtements à leur juste valeur, soyez actif quand vous faites du shopping. N'hésitez pas à essayer les vêtements, même si vous ne comptez rien acheter. Touchez et comparez les coupes, les matériaux, les formes et les couleurs. Concentrez-vous sur les détails. Accordez toute l'attention qu'elles méritent à la douceur de la laine mérinos et la rugosité du denim japonais en les touchant. Essayez de "ressentir" les cintrages des blazers quand vous les voyez sur le cintre. Utilisez votre odorat aussi : sentez le cuir des blousons neufs.

La plupart des gens ne portent pas assez attention à l'apparence des vêtements qu'ils achètent, et encore moins à leur toucher. C'est bien dommage, car cela les empêche de trouver les pièces qui leur font vraiment écho.

Touchez les matières, observez-les de près, regardez comment elles prennent la lumière.

ATTENTION

Essayez de ne pas passer à côté de certaines pièces qui comportent une légère prise de risque, et qui vous feraient sortir de votre zone de confort. Ne vous servez pas de ce que vous venez de lire comme d'une excuse toute faite.

3 ÉTAPES DE VOTRE APPRENTISSAGE

— *Débutant*

Avant de réaliser vos premiers achats, n'hésitez pas à télécharger quelques lookbooks de marques que vous aimez et imprimez les photos qui vous parlent vraiment.

Vous trouverez ces fichiers PDF présentant les collections sur la plupart des sites de marques. Imprimez quelques photos qui vous interpellent tous les trois ou quatre mois, et vous pourrez ainsi suivre l'évolution de vos goûts et votre maturité stylistique. Un bon stock de visuels vous apportera aussi de nouvelles inspirations.

Lire des magazines de mode comme *GQ* ou *The Rake* est aussi un moyen efficace d'habituer vos yeux aux belles choses et d'améliorer votre culture de la mode. Les résultats se feront ensuite sentir sur le terrain, à condition de ne pas prendre tous les conseils aux pieds de la lettre. Le but n'est pas de devenir un intégriste du style!

Et dans tous les cas, privilégiez toujours la rue et les boutiques pour développer votre sensibilité. Car le style est quelque chose qui se vit dans la vraie vie, et pas sur les pages glacées de magazines ou sur un écran.

Pour vous aider à reconnaître des vêtements de qualité, visitez des boutiques de luxe (Lanvin, Hermès, Loro Piana, L'Éclaireur, Dior Homme...). L'idée est simple : si vous ne savez pas à quoi ressemble une vraie pièce de qualité, vous ne serez pas capable de saisir les bonnes occasions quand elles se présenteront à vous (comme les ventes presse de designers, ou les destockages de boutiques de luxe). En outre, arpenter ce genre de boutiques vous donnera une vision des tendances émergentes. Nous ne vous encourageons pas forcément à acheter des pièces aussi coûteuses, mais il est très important pour vous de toucher et d'essayer les vêtements de ces maisons afin d'exercer votre œil à de belles matières.

Ce n'est qu'à ce moment-là que vous aurez réuni vos premiers basiques et que vous pourrez prétendre à un style plus différenciant.

— *Intermédiaire*

En suivant ces quelques conseils pour exercer vos sens, vous serez rapidement capable de rassembler une garde-robe de basiques de qualité (voir chapitre 3). Et une fois que vous aurez suffisamment de basiques, vous pourrez sans aucun souci continuer avec un ou deux vêtements encore plus qualitatifs ou originaux. Bien sûr, un éventail de possibilités plus grand vous mènera à plus d'erreurs, et le prix plus important des pièces rendra ces erreurs plus coûteuses. Mais si vous suivez avec attention nos conseils, sans sauter les étapes, alors vous arriverez à bon port. Et même si vous commettez certaines erreurs, ce n'est pas si grave : rendez les pièces au magasin ou revendez-les sur eBay, mais surtout tirez-en des enseignements.

Enfin, cette deuxième étape de votre parcours d'apprentissage sera le moment de découvrir les accessoires. Vous resterez bien sûr toujours sobre dans leur choix : des bracelets en cuir tout simples ou une belle écharpe oversized. *Less is more!*

— *Expert*

Au bout de votre voyage vers le style, vous aurez rassemblé une petite collection de pièces de caractère et vous saurez judicieusement les porter. Pour les choisir, il vous faudra toujours rester intraitable avec les couleurs. Et plus la pièce sera originale, plus il faudra la contrebalancer avec des tons faciles à porter.

Les achats se feront bien plus rares, et vous dépenserez bien moins d'argent que durant la première année. Fort de cette expérience, vous ferez aussi du shopping en ligne en prenant moins de risques, et c'est là que vous ferez vos meilleures affaires.

Vous trouverez aussi des basiques présentant une légère excentricité : des chemises à col officier, des tee-shirts avec un col en drapé. Ce sera également le moment d'élargir votre gamme de chaussures pour pouvoir développer de nouvelles tenues.

Et pourquoi ne pas faire patiner des chaussures maintenant anciennes, en rouge bordeaux ou en bleu électrique, pour leur donner une seconde vie?

VOTRE STYLE EST LE REFLET DE VOTRE CONFIANCE EN VOUS

Nous avons suivi depuis le début du livre le parcours type de celui qui apprend à bien s'habiller. À présent, il est utile de déterminer où vous en êtes, et si vous avez fait fausse route.

En effet, certains dévient de la route du style en brûlant trop vite les étapes. Ou s'arrêtent à mi-chemin en pensant qu'ils sont déjà arrivés à destination. Enfin, il y a ceux qui n'osent pas faire le premier pas, par peur de mal faire ou par manque de confiance en eux.

Passons ces quelques profils en revue, et réfléchissez, au fil de la lecture, à votre propre rapport au style. Essayez de déterminer à quel stade vous vous trouvez. Si vous pensez être parti du mauvais pied : pas de problème, nous vous donnerons la solution pour vous remettre rapidement sur le bon chemin.

LE TIMIDE QUI CHERCHE À SE FAIRE LE PLUS DISCRET POSSIBLE

— *Son profil*

Le premier cas d'école, c'est l'homme qui n'ose pas améliorer son style. Il craint que soigner son image ne le fasse passer pour quelqu'un de précieux, pas assez viril, prétentieux, voire trop exubérant.

Son réflexe type en boutique, c'est de se diriger vers le vêtement le plus simple et le plus banal possible : jean bleu, pull noir, chaussures de ville sans le moindre détail. Le noir est sa couleur de prédilection, car il pense que "ça va avec tout" et on lui a toujours dit que c'est élégant. Alors pourquoi remettre cela en cause ?

Un vêtement à sa taille lui paraît souvent trop moulant. Et il n'assume aucune originalité stylistique. Il se sentirait presque gêné d'être bien habillé. Il fait également plus confiance à ses proches qu'aux experts.

Il ne comprend pas l'attrait des gens pour le style, et envie ses amis qui s'habillent bien en pensant qu'ils ont naturellement bon goût, chose qu'il imagine impossible pour lui.

Et quand il a un physique qui sort un peu de l'ordinaire, c'est encore pire : il cherche à se fondre dans la masse et à se rendre le plus invisible possible. Notamment en portant des vêtements toujours noirs et souvent trop grands, pour cacher un peu d'embonpoint ou des bras trop fins.

Il rationalise ses choix en expliquant que porter autre chose ne correspondrait pas à ses goûts et sa personnalité. Mais la vraie raison est une crainte de faire des vagues, ou pire, une erreur.

— *La solution*

Il faut relativiser l'erreur. Si vous êtes dans ce cas, prenez conscience que vous ferez des erreurs quoi qu'il arrive, et que cela n'a vraiment rien de grave. Vous serez même le seul à le remarquer, et, à moins que vous veniez avec une chemise vert fluo au bureau, les gens s'en ficheront.

Et puis si vous réfléchissez un peu, votre manque de prise de risques ne vous a pas appris grand-chose ces dernières années en matière de style, et vous faites probablement déjà plein d'erreurs sans vous en rendre compte.

Arrêtez à présent de faire du réassort à l'identique de ce que vous possédez déjà, et commencez une bonne fois pour toutes à vous habiller à votre taille, avec des couleurs qui vous flattent, et des coupes qui vous donnent une silhouette virile.

Avancez à votre rythme, mais avancez. Avez-vous vraiment envie de rester tel quel pendant des mois et des années ?

Le tee-shirt trop grand noie complètement la silhouette.

Même si nous aimons beaucoup le gris, il rend ici la tenue plutôt fade.

Le jean est beaucoup trop large et fait des jambes énormes au porteur.

La tenue type de quelqu'un qui n'a jamais eu l'envie (ou le courage) de s'intéresser au style. Le problème, c'est que des vêtements trop grands n'ont rien à raconter à part de la négligence…

CERTAINS DÉVIENT DE LA ROUTE DU STYLE EN BRÛLANT TROP VITE LES ÉTAPES. OU S'ARRÊTENT À MI-CHEMIN EN PENSANT QU'ILS SONT DÉJÀ ARRIVÉS À DESTINATION.

LE BON ÉLÈVE QUI MAÎTRISE LES BASES, MAIS NE PREND AUCUN RISQUE

— *Son profil*

Le bon élève est souvent un ancien timide qui a fait quelques pas, mais n'ose toujours pas sortir des sentiers battus.

Avant d'acheter le moindre vêtement, il réfléchit à chaque paramètre : tout doit être exactement identique à ce qu'on lui a expliqué, sinon c'est forcément une erreur. Un micropli sous un bouton, une épaule légèrement en biais peuvent dissuader un achat.

Il repose sur cintre toute pièce agrémentée d'un détail qui sort de l'ordinaire, comme ce léger motif, cette poche en plus ou ce col de chemise différent du grand classique. Il est également intraitable sur la qualité et le fit : c'est pour lui impossible de faire des compromis et cela rend le shopping très difficile.

Quand il choisit une pièce un peu différente, c'est plus souvent un basique amélioré : une chemise avec un col un peu arrondi (col club) ou une cravate plus fine, plutôt qu'une vraie pièce forte.

Il suit aveuglément les conseils qu'il a lus sur Internet et dans les magazines. Et comme souvent ils sont contradictoires selon les sources (toute information n'est pas bonne à prendre, loin de là), il se sent un peu perdu et remet tous ses progrès en question.

Quand il croise quelqu'un avec un look extravagant, il préfère critiquer que de s'en inspirer, pensant détenir l'unique vérité vestimentaire. Plutôt que de considérer une silhouette et un esprit global, il va critiquer le jean légèrement trop long au lieu de saluer la créativité du style.

Du coup, son look est beaucoup trop simple, à la limite de la fadeur. Il s'habille bien, mais ne dégage rien. Un peu comme s'il s'interdisait toute extension de sa personnalité dans le vêtement. C'est dommage, car il possède de bonnes bases et il lui manque juste un peu de créativité pour sortir positivement de la masse.

— *La solution*

Les règles que nous vous donnons vous permettent de progresser rapidement et d'acquérir des bases solides. Mais ces règles ont toutes de très nombreux contre-exemples.

Il est aussi acceptable de s'accorder une marge d'erreur. Une chemise pas chère et qui vous va bien, mais avec des petits manquements dans les finitions, n'est pas forcément un mauvais achat si elle vous plaît.

Il va aussi falloir faire preuve de créativité et prendre des risques. Si vous avez peur des pièces fortes, essayez au moins de jouer sur les accessoires. Introduisez de nouvelles couleurs dans votre garde-robe. Faites-nous également le plaisir d'essayer des pièces que vous n'imagineriez pas porter : on a souvent de bonnes surprises, et plus souvent encore de bonnes idées.

Forcez-vous à acheter des accessoires, puis une pièce plus forte de temps en temps.

Tout est à la bonne taille, mais ces couleurs simples sans texture et ces pièces sobres rendent la tenue trop fade et trop sage. Sans compter que le col un peu haut du tee-shirt manque de décontraction.

L'EXUBÉRANT QUI EN FAIT TROP, MAIS NE MAÎTRISE PAS LES BASES

— *Son profil*

Il a découvert la mode après quelques années d'errance. Toujours frustré de ne pas savoir comment s'habiller, il s'est quand même laissé aller à quelques excentricités, mais sans résultat probant. Il lui est même arrivé de porter des chapeaux ou d'acheter des chaussures pointues d'entrée de gamme qui se sont vite abîmées. Ou parfois, il n'a regardé que la marque et a acheté aveuglément.

Fort des quelques bases qu'il a acquises en matière de style, il a repris totalement confiance, mais il est allé beaucoup trop vite : achats impulsifs, peu de cohérence entre les pièces, pas de notions de qualité ou d'entretien des pièces.

Il en ressort un style trop décousu, qui part un peu dans tous les sens.

Les bijoux de cou par-dessus le tee-shirt sont généralement de bien mauvais goût.

Le jean est beaucoup trop voyant et dessert complètement le style global de la tenue.

Trop de pièces fortes donnent une impression d'excès ostentatoire...

— *La solution*

Si c'est le profil qui vous correspond, calmez-vous sur les achats de pièces fortes et essayez plutôt de rassembler un bon stock de basiques qualitatifs : chemise blanche, jeans bruts, blazer gris. D'accord, ce n'est pas ce qu'il y a de plus excitant, mais votre style gagnera en cohérence et sera plus solide. Axez vos achats sur des pièces simples, durables et parfaitement coupées.

A contrario, si vous sautez des étapes, vous vous retrouverez obligé de revenir en arrière. Il est essentiel d'avoir cette modestie, cette patience, ce recul : vous ferez aussi moins d'erreurs de style, et vos achats dureront plus longtemps.

Même les chaussures sont portées de manière trop ostentatoire. La tenue type de celui qui cherche à se faire remarquer.

LE DÉTENTEUR D'UN STYLE ÉQUILIBRÉ

— *Son profil*

Un style équilibré repose sur une garde-robe équilibrée. Celui qui sait bien s'habiller possède une part égale de basiques de bonne qualité (jean brut, blazer, chemises, manteau) et de pièces fortes (blouson en cuir plus travaillé, sneakers montantes, trench kaki…).

Il sait aussi jongler entre des pièces fortes de créateurs plus coûteuses mais plus originales, et des petits basiques ou accessoires qu'il achète pour 20 ou 30 € dans les chaînes de prêt-à-porter ou sur le marché un soir de vacances.

Il arrive à s'habiller sans trop réfléchir le matin devant sa garde-robe parce que tous ses vêtements se combinent facilement les uns avec les autres. Il peut facilement rendre une tenue de week-end plus formelle (ou l'inverse), juste en intervertissant une pièce ou deux.

Il n'est pas à l'abri de faire une erreur de temps en temps, mais son style lui ressemble, et finalement, il ne se préoccupe plus vraiment du regard des autres, mais tente quand même d'essayer des pièces en boutiques et de tester de nouvelles combinaisons de sa garde-robe juste pour s'amuser.

Le cardigan gris met en valeur la jolie toile du jean, la ceinture travaillée et les carreaux de la chemise.

Le revers au jean donne une touche de décontraction bienvenue.

IL EST ÉGALEMENT ACCEPTABLE DE S'ACCORDER UNE MARGE D'ERREUR. UNE CHEMISE PAS CHÈRE ET QUI VOUS VA BIEN, MAIS AVEC DES PETITS MANQUEMENTS DANS LES FINITIONS N'EST PAS FORCÉMENT UN MAUVAIS ACHAT SI ELLE VOUS PLAÎT.

La tenue est très équilibrée et mélange décontraction et bon goût. Les chaussures marron apportent une touche plus colorée et maîtrisée, et soulignent la ceinture par un rappel de couleur.

RANGEZ VOTRE CHAMBRE ! (ET VOTRE PENDERIE AUSSI)

Place à l'action maintenant. La première étape sera de trier et d'organiser votre garde-robe, tant au niveau de son agencement que des vêtements qui la composent. Tout d'abord, assurez-vous que votre placard ou votre penderie est fonctionnel et bien rangé. L'idée est de vous éviter les prises de tête du matin à chercher des heures ce que vous voulez mettre. En outre, en ayant tous vos vêtements facilement accessibles, vous explorerez un champ plus vaste de possibilités stylistiques. Et puis c'est tout simplement plus amusant et agréable de s'habiller avec une garde-robe propre et bien rangée.

Dans un second temps, nous vous expliquerons comment trier vos vêtements. Il s'agira de séparer ce qui est portable de ce qui nécessite d'être délaissé ou remplacé. Cet exercice vous donnera une vision plus claire de ce que vous portez au jour le jour, et surtout des basiques qu'il vous reste à réunir.

Mais attention, l'exercice n'est pas facile. Ce n'est pas évident de tirer un trait sur certains vêtements que vous aviez l'habitude de porter, bien qu'ils soient sans le moindre doute à éviter. Autre difficulté, une fois votre garde-robe triée et rangée, il faudra vous en tenir à ces nouvelles habitudes et ne pas retomber dans les excès du passé (remettre ses vieux vêtements confortables, mais inadéquats, laissez le chaos revenir dans votre penderie…).

RENDRE SA PENDERIE FONCTIONNELLE

Sortez tous les vêtements et nettoyez le placard (ou la penderie). Si les parois intérieures sont défraîchies, passez un coup de peinture. Cela ne vous coûtera pas plus de 10 €. Si le sol est encombré de poussière ou de vieilles affaires inutiles, alors offrez, revendez ou jetez. Et passez-y un coup d'aspirateur.

L'étape suivante est de rendre le placard plus fonctionnel. Le point positif est que vous n'avez pas besoin de place pour des tonnes de vêtements, mais seulement pour l'essentiel. La raison est simple : vous allez trouver une autre destination pour toutes les affaires qui n'ont rien à y faire (sous votre lit, à la cave, au grenier).

Ouvrez votre placard :

- Y a-t-il assez de cintres pour y suspendre trois vestes, quatre chemises et vos cravates ?
- Y a-t-il assez de compartiments pour vos tee-shirts, vos autres hauts et vos pantalons ?
- Avez-vous suffisamment de boîtes pour stocker vos accessoires, vos sous-vêtements et vos chaussettes ?
- Enfin, pouvez-vous y disposer trois ou quatre paires de chaussures sans les comprimer les unes sur les autres et risquer de les endommager ?

Si la réponse à certaines de ces questions est "non", alors il va falloir faire un saut chez IKEA et résoudre le problème. Leurs cintres font tout à fait l'affaire, et leurs boîtes en carton épais sont parfaites. Et n'oubliez pas d'acheter un panier à linge sale si vos vêtements avaient auparavant la fâcheuse habitude de rester accrochés aux chaises ou de traîner par terre.

ATTENTION

Une fois que tout est en ordre, faites-vous un peu violence pour ne pas ré-engorger votre placard avec tous les vêtements que vous avez mis de côté. Veillez aussi à plier vos vêtements et à les ranger au bon endroit. Vous les retrouverez plus facilement le matin, et vous serez plus motivé pour créer des tenues qui fonctionnent

APPLIQUER LE PRINCIPE DE PARETO À SA GARDE-ROBE

Dans votre garde-robe, 20 % de vos vêtements sont portés 80 % du temps et vous apportent 80 % des compliments. Les 80 % de vêtements restants ne sont qu'un mélange de vêtements que vous n'avez pas portés depuis l'adolescence, que vous n'avez jamais vraiment osé porter ou qui sont en mauvais état.

Nous allons vous le démontrer, et c'est ensuite sur ces 20 % vraiment utiles que nous nous concentrerons.

1. Sortez tous vos vêtements du placard, et dispersez-les dans la chambre. C'est bon ? Alors, passons aux choses sérieuses.

2. Triez tous les vêtements selon leur coupe, leur taille et leur qualité. Mettez dans un grand sac ce qui ne correspond pas aux règles d'un bon achat. Et souvenez-vous que l'on ne transige pas avec la taille et les coupes !

3. Concentrez-vous sur les couleurs. Mettez aussi dans le sac toutes les couleurs flashy, délavées, et tous les vêtements qui comportent de gros imprimés (nom de la marque), des motifs moches ou du texte en anglais qui ne veut rien dire.

4. Sur les vêtements qui restent à ce stade, combien n'ont pas vu la lumière du jour depuis six mois, et pourquoi ? Si vous trouvez une bonne raison à cette question (mauvaise coupe, mauvaise taille, mauvais goût), alors faites-leur dire bonjour au sac.

5. Mettez tous les vêtements restants sur votre lit. Il ne devrait pas en rester beaucoup, ou en tout cas pas plus de la moitié. Observez-les attentivement, et imaginez quelques tenues avec. Ce que vous avez devant vous à ce moment-là, c'est votre image. Qu'est-ce que vous en pensez ? Est-ce que cela reflète vraiment qui vous êtes et qui vous voulez être ? Car ce que vous voyez à ce moment précis, c'est bien plus que quelques pièces de laine et de coton, ou un assemblage de coupes et de couleurs : c'est la manière dont les gens vous voient. Peut-on améliorer cette image ? La réponse est oui. Et nous allons vous y aider. Mais avant cela, vous allez devoir faire face à un exercice encore plus difficile : vous allez devoir décider du destin de chacun de vos vêtements actuels, tout en étant sévère avec vous-même.

6. Mettez le sac à l'écart. Il ne doit pas être facilement accessible. À la cave, en haut d'un placard ou au grenier par exemple. Si certains vêtements vous manquent vraiment, car vous n'avez rien d'autre à porter à la place, réintégrez-les au placard, tout en gardant à l'esprit qu'il faudra les remplacer en priorité et que leurs jours sont comptés.

7. Pour les autres, si vous ne vous en êtes pas servi après six mois, donnez-les aux démunis ou à vos amis.

8. Si vous hésitez à vous séparer de certains vêtements pour des raisons émotionnelles, soyez strict. Rappelez-vous qu'ils ne méritaient pas l'attachement que vous leur portiez, car ils ne faisaient rien en retour pour votre image. Et c'est précisément pour cela qu'ils ont fini dans le sac.

Vous avez sans doute identifié des trous dans votre garde-robe. Peut-être vous êtes-vous rendu compte qu'aucun de vos jeans ne faisait l'affaire, ou que vous n'aviez finalement pas suffisamment de pulls pour l'hiver. Il faudra prioriser vos achats de basiques en conséquence.

ASTUCE

N'oubliez pas qu'il est utile de garder quelques vieux vêtements pour bricoler, faire du jardinage ou d'autres activités salissantes, comme les balades en forêt. Vos nouveaux vêtements apprécieront que vous ressortiez à ce moment les anciens.

PRENEZ SOIN DE VOS VÊTEMENTS, ILS PRENDRONT SOIN DE VOUS

À quoi bon faire des efforts pour investir et acheter de beaux vêtements si vous négligez ensuite leur entretien ?

Même si ce n'est pas le point le plus drôle de la mode masculine, c'est quelque chose d'absolument indispensable, car un bon entretien de vos vêtements va directement impacter leur durée de vie (et donc votre budget annuel, car il faudra renouveler votre garde-robe moins souvent). En outre, des vêtements mal entretenus ou défraîchis véhiculent une image négligée, et même sale.

Il n'est pas nécessaire pour autant de respecter à la lettre toutes les étiquettes (surtout si, comme nous, vous n'arrivez pas à retenir le sens des pictogrammes). Mais comment faire alors ? Lavage à la main ? De quelle manière ? Et le pressing, c'est quand ? Je peux utiliser ma machine à laver ? C'est ce que nous allons voir ici...

Une chemise bien entretenue gardera un col droit bien plus longtemps.

L'ENTRETIEN : UNE OBLIGATION POUR LES VÊTEMENTS D'ENTRÉE DE GAMME

Les vêtements de prêt-à-porter bas de gamme s'abîment plus vite et sont faits de matières de moins bonne qualité que les autres. De ce fait, leur entretien est encore plus capital, car l'usure arrive beaucoup plus vite.

Dans la pratique, voici les bonnes habitudes à prendre :

- Ne laissez pas vos vêtements de PAP grand public roulés en boule. Jamais ! Pliez-les.
- Un bon repassage peut redonner de l'éclat à une chemise toute froissée.
- Pliez votre maille d'entrée de gamme, et ne la suspendez jamais sur un cintre, sinon elle se déformera (surtout quand elle est encore humide en sortie de machine à laver).
- Pour les vestes, rangez-les toujours sur cintre, et si possible des cintres assez larges (pas les petits cintres métalliques de pressing).

Mais ne vous faites pas trop d'illusion, l'entretien ne fait pas non plus des miracles.

Ces conseils s'appliquent aussi aux vêtements de meilleure qualité. Après tout, on ne sait jamais.

COMMENT ENTRETENIR SES CHEMISES ?

Nous allons être très clairs là-dessus : une bonne chemise passe sans problème en machine à laver. Nous avons des chemises de gammes et de matières différentes, et nous n'avons jamais eu le moindre problème.

L'intérêt de la machine à laver ? Elle lave bien mieux qu'un lavage à la main évidemment ! Surtout au niveau du col et des aisselles. À ce propos, il existe des détachants efficaces contre les tâches situées à ces endroits-là. Ce sont des produits dans des petites bouteilles à appliquer cinq minutes avant de mettre votre chemise en machine (K2R, Vanish, etc.). Pensez-y la prochaine fois que vous ferez vos courses.

Mais entendons-nous bien. Quand nous disons qu'une chemise classique traverse sans heurts le périple de la machine, c'est sous réserve de mettre la température à 30° (toujours), l'essorage au minimum et de ne pas mettre trop de lessive. Après une bonne heure (le temps moyen pour un cycle coton), vos vêtements n'en ressortiront pas moins propres.

Si votre chemise est un petit peu fragile, ou faite dans une matière particulière, n'hésitez pas à la laver en mode délicat. Et avec le détachant cité plus haut. C'est le meilleur moyen de garder vos chemises le plus longtemps possible.

Pour le séchage, JAMAIS de sèche-linge (cette machine est le mal absolu, elle ne fera qu'abîmer vos précieux vêtements). Un bon vieil étendoir à linge fera cent fois mieux le job. Repassez votre chemise correctement, pliez-la et hop, le tour est joué.

En cas de doute entre les différents modes de lavage, privilégiez toujours la solution la moins agressive. Pour les chemises sombres, utilisez de la lessive pour textiles sombres ou colorés.

Et, bien entendu, repassez vos chemises. Cela permet de compacter la fibre pour une meilleure résistance et d'avoir un toucher plus doux. Sans parler du fait qu'une chemise non repassée vous donnerait un air trop négligé.

ET LES TEE-SHIRTS ?

Comme pour les chemises, n'importe quel tee-shirt digne de ce nom supporte sans problème un lavage régulier à 30 ou 40° et un séchage sur fil à linge. Même les tee-shirts haut de gamme en coton bio se lavent sans difficultés. Ce sont sûrement les pièces les plus simples à laver...

Pour les tee-shirts ultra haut de gamme, avec des mélanges de soie et de modal par exemple, un lavage en mode délicat fait complètement l'affaire. Les plus inquiets se tourneront vers un lavage à la main classique.

Et comme d'habitude, JAMAIS de sèche-linge pour les tee-shirts. Essorez-les en sortie de machine et suspendez-les directement. Puis repassez-les et pliez-les.

ENTRE LES DIFFÉRENTS MODES DE LAVAGE, PRIVILÉGIEZ TOUJOURS LA SOLUTION LA MOINS AGRESSIVE.

L'ENTRETIEN DE LA MAILLE

Le sujet est délicat... car c'est presque au cas par cas.

— *L'étape du lavage*

Vous rencontrerez rarement de problèmes avec des pulls en coton, car ils passent sans problème en machine, en cycle délicat ou coton.

Pour la maille en laine, procurez-vous un filet de lavage. C'est un filet dans lequel vous mettez votre linge délicat, afin qu'il ne frotte pas avec vos autres vêtements ou contre le tambour de la machine.

Le lavage à la main reste le moins dangereux, dans l'eau tiède et avec la moitié d'un bouchon de lessive pour textiles délicats (oui, cela existe).

Dans tous les cas, ne vous amusez jamais à monter la température : votre pull ne vous le pardonnerait pas.

ASTUCE

Si vous n'avez pas de filet de lavage, une taie d'oreiller bien nouée fait aussi l'affaire.

— *L'étape du séchage*

Vous pouvez mettre votre vêtement dans le filet de lavage, et le passer à la machine à laver en mode essorage minimum (généralement, à 500 tours par minutes, cela dure cinq minutes).

La maille est ainsi dégorgée de son eau : elle sèche plus rapidement et ne se déforme pas.

Par contre, surtout pas de séchage sur cintre ou sur séchoir quand la maille est mouillée. Il faut d'abord attendre qu'elle soit délestée de son eau.

Vous avez sûrement lu qu'il était possible de sécher sa maille entre deux serviettes-éponges. C'est effectivement la meilleure option, mais aussi la moins pratique, et de très loin. Nous vous mettons au défi d'y arriver sans inonder votre salle de bains.

— *Le cas du cachemire*

Il existe beaucoup d'idées reçues et autres légendes urbaines quant à l'entretien du cachemire. Notamment parce la matière ne réagit pas de la même manière selon son degré de qualité.

C'est en tout cas une matière qui adore l'eau, donc n'ayez pas peur de la mouiller. En cas de doute sur la qualité de la pièce, le meilleur lavage reste celui à la main, en eau tiède, avec un peu de shampooing. Massez votre cachemire dans le lavabo afin de bien le laver, puis laissez tremper une dizaine de minutes.

Rincez abondamment et séchez, comme pour de la maille classique (en filet de lavage dans la machine à laver sur cycle essorage minimum, ou entre deux serviettes éponge).

Et évidemment, le séchage à plat est encore une fois obligatoire !

NOTE

La laine et le cachemire se lavent peu : ce sont des matières qui ne retiennent pas du tout les odeurs, et les fibres animales ne s'imbibent pas de saletés, contrairement au coton.
À méditer pour ceux qui ressentent un besoin compulsif de laver tous leurs vêtements après les avoir portés une ou deux fois.

VESTES, BLOUSONS ET COSTUMES

Prenez la direction du pressing, évidemment. Et c'est non négociable. Maximum deux ou trois fois par an… Au-delà, la fibre est trop agressée, surtout avec les pressings classiques qui utilisent des substances assez corrosives dans le cadre du nettoyage à sec, nettoyage qui implique de nombreux frottements mécaniques.

Si vous pensiez que le pressing est un petit endroit délicat où l'on prend soin de vos vêtements, détrompez-vous ! N'y allez pas trop souvent, et surtout choisissez bien votre pressing si vous ne voulez pas envoyer vos vêtements au paradis du textile un peu trop vite.

Vous pouvez objecter que trois lavages par an, c'est peu hygiénique. Mais si votre costume est en laine, que vous ne le portez pas à même la peau, que vous changez chaque jour de chemise et que vous ne transpirez pas dedans, ce n'est ni sale ni malodorant. Pas plus qu'un blouson ou un manteau en tout cas.

ENTRETIEN DES JEANS

L'entretien des jeans est un cas particulier.

Un beau jean demande un certain investissement financier (comme toutes belles pièces), et, à ce titre, il est important d'en prendre soin.

D'autant que le pigment utilisé pour les jeans (l'indigo) a un faible pouvoir fixant et déteint rapidement au contact de l'eau, et encore plus quand la lessive s'invite à la fête.

Il ne faut donc pas laver ses jeans trop souvent, sous peine de les voir blanchir rapidement. Ce serait dommage, car les délavages les plus jolis et les plus contrastés apparaissent quand les jeans délavent à sec. On peut dire que laver son jean une fois tous les deux mois est une moyenne idéale (et encore moins souvent si vous êtes un puriste).

Bien sûr, cela implique une bonne hygiène corporelle, de ne pas porter un jean deux jours de suite et de ne pas transpirer dedans. Cela peut paraître étonnant pour quelqu'un qui découvre l'univers du vêtement, mais à bien y réfléchir, ce n'est pas plus sale que de ne laver le canapé de votre salon qu'une fois par an.

— *Entretien d'un jean brut*

Il y a parfois de gros débats passionnés entre puristes et geeks du denim (les *denim heads*). Pour trancher, nous vous recommandons deux méthodes selon le temps et l'intérêt que vous consacrez à vos jeans bruts.

• **Le lavage lessive :** remplissez votre fond de baignoire d'eau tiède, et ajoutez-y un bouchon de vinaigre et de la lessive pour textile sombre. Retournez votre jean, et laissez-le tremper une vingtaine de minutes, complètement étendu, au fond de votre baignoire. Il faut qu'il soit complètement immergé. Rincez ensuite abondamment à l'eau claire et faites sécher.

• **Le lavage naturel :** remplissez votre fond de baignoire d'eau chaude cette fois-ci, et ajoutez-y au moins 300 ou 400 g de sel (le sel se dissout plus rapidement dans l'eau chaude). Une fois que l'eau est tiède, faites tremper votre jean, rincez-le et séchez-le comme précédemment.

Ces méthodes demandent un tout petit peu de temps, donc n'hésitez pas à laver plusieurs jeans en même temps : vous serez tranquille pour deux ou trois mois.

Et n'utilisez en aucun cas une machine à laver pour vos jeans bruts !

— *Entretien d'un jean gris*

Concernant les jeans gris, ce n'est pas très grave s'ils délavent, car un jean gris est un jean noir déjà délavé. Les teintes suivant le lavage seront simplement plus claires, mais ne nuiront pas à son rendu.

Vous pouvez donc procéder en machine (à titre exceptionnel pour le jean gris), mais à 40° et avec séchage sur étendoir. Cela dit, nous ne pouvons que vous recommander de laver vos jeans gris avec le même soin (c'est-à-dire la même méthode) que vos jeans bruts.

• **Le lavage machine** en mode délicat, jean retourné : le moins pénible, mais le plus agressif. La toile sera forcément impactée, n'espérez pas la garder d'un beau foncé très longtemps. N'oubliez pas de mettre un bouchon de vinaigre et de la lessive pour textile sombre afin de fixer les couleurs.

— *Le cas du jean avec un délavage très particulier*

Pour des jeans très haut de gamme avec un délavage compliqué ou une matière hyper travaillée (les jeans waxés par exemple, traités avec de la cire ou une résine), mieux vaut effectuer un nettoyage à sec au pressing.

ATTENTION

L'indigo est un pigment qui déteint beaucoup. Faites donc attention si vous portez votre jean neuf avec des chaussures et des vêtements clairs, et ne mettez pas votre jean au contact d'autres vêtements quand il sèche sur l'étendoir.

Un jean brut de qualité et correctement entretenu (pas de machine à laver, pas de lavages trop fréquents) fait apparaître petit à petit des délavages magnifiques qui reflètent les habitudes de vie du porteur.

Chapitre 9

ENTRETIEN DES CHAUSSURES ET CIRAGE DE POMPES

DORLOTER SES BEAUX SOULIERS AU QUOTIDIEN

Bien que résistant, le cuir reste une peau qui a besoin d'être nourrie et nettoyée.

— *Pour les cuirs lisses (veau, agneau, vachette...)*

Brossez : utilisez une brosse douce pour enlever la boue et la poussière.

Hydratez : il va maintenant falloir nourrir et hydrater le cuir. Le cuir est avant toute chose une peau qui doit être nourrie. Pourtant, beaucoup négligent cette étape. Une bonne hydratation évitera au cuir de faire des plis et de craqueler s'il se retrouve trop sec. Vous pouvez utiliser de la crème hydratante pour chaussures, mais le lait hydratant pour le corps fonctionne aussi très bien.

• Déposez une bonne quantité de crème hydratante sur un chiffon (ou un vieux morceau de tee-shirt).
• Appliquez sur le cuir en décrivant des mouvements circulaires jusqu'à ce que la chaussure ait absorbé toute la crème.
• Attendez cinq minutes que cela sèche.
• Faites briller vos chaussures en les frottant rapidement et sans trop appuyer avec un chiffon doux ou un autre morceau de vieux tee-shirt.

Quand le cuir sèche après avoir été mouillé, il se déshydrate. Il est alors important de le réhydrater, mais aussi de lui restituer ses vertus imperméables avec du cirage. Tout d'abord laissez-le sécher naturellement :

• Quand vous arrivez à la maison, enlevez vos chaussures et posez les embauchoirs. Vous pouvez aussi les bourrer de papier journal pour absorber l'eau.
• Ne faites jamais l'erreur d'utiliser un sèche-cheveux ou de les poser près du radiateur.
• Laissez-leur le temps de sécher. De toute façon, même si elles sont encore humides le lendemain, vous êtes censé avoir une autre paire pour alterner les ports. Puis, comme nous l'avons vu, réhydratez le cuir et attendez cinq minutes.

Et cirez : le cirage va réimperméabiliser le cuir, le graisser et lui rendre son brillant. N'utilisez que des cirages naturels (qui contiennent généralement de la cire d'abeille, de la matière grasse naturelle et du pigment).

• Mettez une petite quantité de cirage sur un chiffon.
• Appliquez en décrivant des mouvements circulaires.
• Attendez cinq minutes.
• Retirez l'excès de produit en frottant et lustrez les chaussures avec énergie, sans trop appuyer.
• Admirez le résultat.

— *Pour les cuirs velours (suédés, nubuck)*

À l'aide d'une brosse douce, frottez le cuir avec application pour enlever toutes les saletés et la poussière. D'autres préfèrent utiliser des brosses en laiton ou en crêpe qui sont plus abrasives, mais permettent de redonner l'aspect velours et de raviver la couleur.

Utilisez ensuite un produit spray spécial peaux chamoisées : passez l'aérosol, attendez que cela sèche et brossez la peau dans le sens du poil.

Pour terminer, un petit coup d'imperméabilisant, un dernier passage de brosse laiton et vous voilà tranquille pour un moment !

ATTENTION

La qualité du cirage est déterminante pour conserver vos souliers plus longtemps. Évitez scrupuleusement tout produit vendu en supermarché : ils font vite briller les chaussures, mais dessèchent le cuir sur le long terme.

3 RÉFLEXES — *À avoir avec ses chaussures*

1

METTRE DES EMBAUCHOIRS QUAND VOUS NE PORTEZ PAS VOTRE PAIRE.

2

SI LA SEMELLE EST EN CUIR ET QU'ELLE EST HUMIDE, FAIRE SÉCHER VOTRE PAIRE POSÉE SUR LE CÔTÉ (ET LA BOURRER DE PAPIER JOURNAL).

3

HYDRATER LE CUIR UNE FOIS PAR SEMAINE (OU TOUTES LES DEUX SEMAINES SI VOUS NE LES PORTEZ PAS SOUVENT).

OÙ ACHETER LES PRODUITS

Vous trouverez de bons produits chez les cordonniers dignes de ce nom ou sur des sites spécialisés comme MonsieurChaussure.com. Quatre marques sont à retenir : Famaco, Saphir, Grison, Woly.

Rassemblez des produits de qualité. En priorité une brosse, du lait hydratant et du cirage incolore. Puis des cirages colorés ou de la crème colorée, et des produits spéciaux pour les cuirs retournés (daim, nubuck), si vous en possédez.

— *Opération sauvetage en cas de tache*

Vous aimez vos chaussures, cela ne fait aucun doute… Mais un accident peut arriver ! Un ami qui renverse malencontreusement le contenu de son verre sur vos chaussures, des frites ou une grillade en été qui laissent une tache de graisse…

Bref, faire une bonne tache sur le cuir, c'est possible ! Mais nous ne vous laisserons pas tomber. Connaissez-vous la terre de Sommières ? C'est une poussière d'argile assez miraculeuse dont les propriétés absorbantes sont très efficaces sur les taches… à condition que celles-ci soient encore fraîches.

Si la tâche est incrustée depuis plusieurs jours, il est conseillé d'utiliser un détachant de style Réno'Mat de Saphir ou un Omnidaim pour les velours. Enfin, il existe des gommes à daim (un peu comme à l'école) pour les cuirs suédés et nubuck, que vous pourrez frotter sur le cuir pour enlever localement une petite tache.

Le spray imperméabilisant est une bonne chose pour vos cuirs retournés si vous vivez dans un endroit où il pleut souvent. Mais interdiction d'en mettre sur les cuirs lisses, sous peine de les étouffer.

EMBAUCHOIRS, RESSEMELAGE & CIE

— *L'imperméabilisant*

Le cuir est une matière qui n'aime pas beaucoup l'eau. Mais un cuir qui ne pourrait pas supporter la moindre humidité deviendrait rapidement inutile, alors bien sûr vous devez passer par la case imperméabilisation.

Lâchez tout de suite cet imperméabilisant bon marché acheté en grande surface ! Très répandu, il s'avère un véritable poison pour tout cuir qui se respecte : les particules de silicone qu'il contient viennent littéralement étouffer le cuir et le dessèchent sur le long terme.

Heureusement, il existe des produits tels que l'Invulner (marque Saphir), qui protégeront les cuirs de toutes sortes de l'eau, mais aussi des taches de graisse.

Une première imperméabilisation à l'achat, puis seulement une fois tous les deux ou trois mois par la suite. Durant l'hiver, si vous devez porter vos chaussures par temps humide (neige), n'hésitez pas à répéter l'opération plus régulièrement, au maximum une fois par semaine.

À noter que le cirage a aussi pour effet de protéger le cuir des intempéries.

Et une fois par an, vous pouvez appliquer un lait nettoyant (Réno'Mat de Saphir par exemple), qui va nettoyer en profondeur les pores et enlever toutes les couches de produits que le cuir a reçues (imperméabilisant, cirage). Surtout pas de panique, le cuir va probablement prendre une teinte plus foncée à l'application, mais laissez bien sécher et vous retrouverez vos chaussures comme au premier jour.

— *L'embauchoir*

C'est un accessoire beaucoup plus important que l'on ne l'imagine, car il va vraiment aider la chaussure à se "reposer" après la marche (cela vaut surtout pour les chaussures habillées).

Chaque fois que vous portez vos chaussures, vos pieds dégagent de l'humidité. L'embauchoir permet au cuir de sécher en étant bien tendu, ce qui évite que les plis ne marquent et que la chaussure ne se déforme.

Maintenant que vous êtes convaincu, il va falloir se décider sur l'objet en question, car il en existe de plusieurs sortes. Pour faire court, sachez que les bois les plus absorbants sont le hêtre et le cèdre, avec des prix aux alentours de 30 € la paire. Ils se règlent en largeur et en longueur pour s'adapter à la chaussure, avec une règle essentielle : le cuir doit être lissé sans être tendu. Si vous le pouvez, amenez vos chaussures le jour où vous achèterez vos embauchoirs et demandez à les essayer !

À la fin de la journée, pensez donc à les placer dans vos chaussures dès que vous les quitterez. Si elles ont pris l'eau, couchez-les sur le côté avec l'embauchoir pour que la semelle puisse évacuer l'humidité plus rapidement.

Les embauchoirs sont certes un surcoût, mais ils augmentent considérablement la durée de vie de vos souliers. Et comme ils ne s'usent pas, vous les garderez à vie.

Investissement indispensable : les embauchoirs (si possible en cèdre et non vernis). Ils augmenteront considérablement la durée de vie de vos chaussures et limiteront l'apparition des plis sur le cuir.

— *La pose d'un patin et le ressemelage*

Les chaussures de type Derby ou Richelieu de bonne qualité possèdent souvent une semelle extérieure en cuir. C'est beau à regarder, mais dès que vous commencez à les porter, la semelle s'abîme et commence à se lisser avec l'usure, ce qui peut à terme former un trou dans la semelle ou la rendre glissante.

Il est alors temps de trouver un bon cordonnier (renseignez-vous auprès de vos amis ou de votre famille, ou mieux : auprès de vendeurs de boutiques haut de gamme). Autant vous dire tout de suite qu'un vrai cordonnier n'est pas cette personne qui propose des clés en une minute entre deux réparations de chaussure.

Le cordonnier posera sur vos chaussures un patin : c'est une semelle en caoutchouc ou en crêpe qui protège la semelle… et la vie de vos chaussures. Ce sera d'autant plus essentiel sur les cousus Blake dont la semelle ne peut pas se changer (ou très difficilement), contrairement aux cousus Goodyear. Cela donne une semelle un tout petit peu plus épaisse, mais lorsque le travail est bien fait, cela ne se voit pas.

La pose d'un premier patin a lieu généralement quelques jours après l'achat, le temps que les souliers se soient bien assouplis avec la marche. Ensuite, c'est selon la fréquence du port et l'utilisation ! Surtout, n'hésitez pas à questionner les cordonniers : ce sont des artisans passionnés qui connaissent le soulier mieux que personne.

Le ressemelage est une opération plus délicate et plus coûteuse que la pose d'un patin. Il s'agit de remplacer l'intégralité de la semelle de la chaussure. Une rénovation à ne confier qu'aux cordonniers de confiance et à réserver aux belles paires.

NOTE

Vous pouvez aussi discuter avec votre cordonnier des marques avec lesquelles il préfère travailler. Rien ne l'énerve plus que ces marques de costume qui vendent des souliers aux montages collés à prix d'or. À l'inverse, il saura vous faire découvrir quelques marques de chaussures plus durables.

ENTRETIEN

BRANDON SVARC, NAKED & FAMOUS DENIM

Brandon, peux-tu te présenter ?
Bonjour à tous, je suis Brandon, fondateur de Naked & Famous Denim. Ma famille travaille dans le denim depuis plus de soixante-cinq ans, alors j'ai un peu l'indigo qui coule dans mes veines.

Pourquoi te surnomme-t-on le "crazy denim maker" ?
Parce que nous faisons des produits fous : des jeans avec du kevlar, de l'acier, du cachemire… Nous avons aussi créé un jean qui change de couleur avec la chaleur et le jean le plus lourd du monde !

Quel est le jean le plus fou que tu as réalisé ?
Assurément le jean le plus lourd du monde ! C'est comme si tu portais trois jeans en même temps ! Un jean garanti "pas confortable ou remboursé" !

As-tu déjà créé le jean parfait ?
Je ne sais pas si le jean parfait existe… Nous, tout ce que l'on veut, c'est créer le jean au meilleur rapport qualité / prix.

Quelles sont vos sources d'inspiration chez Naked & Famous ?
On a un truc un peu spécial… Vous savez, quand on avait 8-10 ans, c'est à cette époque que notre esprit était le plus créatif, qu'on avait les meilleures idées… Alors, quand on dessine un nouveau jean, on essaie de se replonger dans cette période de notre enfance. Ce n'est pas difficile, car on est encore des grands gamins !

Comment reconnaître une toile de jean de qualité ?
Le plus important est de regarder les étiquettes et les informations qu'elles contiennent. Où a été fabriqué le jean ? Quelle est la composition de la toile ? Il faut la toucher, et être attentif… Attention, un bon jean peut aussi posséder un peu d'élasthanne. Chacun est libre de choisir le jean qui lui convient, il n'y a pas de règle !

Quels sont les détails de confection auxquels tu portes attention ?
Il y a plein de détails qu'apprécient les puristes du jean comme nous… Mon préféré est le point de chaînette que l'on peut voir en faisant un revers sur le pantalon, et qui signifie que le jean a été monté sur de vraies machines traditionnelles.

Qu'est-ce que le denim selvedge ?
Le denim selvedge est un denim monté sur des anciennes machines, appelées machines à navettes. Une toile de denim est composée de deux fils qui s'entrecroisent : un fil vertical (la chaîne, couleur indigo) et un fil horizontal (la trame, couleur blanche). Sur les anciennes machines, à chaque passage de la trame, la machine va fermer la lisière automatiquement, d'où le nom de toile *selvedge* ("lisière" en anglais). Au-delà de l'aspect esthétique plutôt joli quand on fait un revers, nous adorons le selvedge, car ce sont des toiles montées sur des machines anciennes et traditionnelles. Des machines qui n'ont pas le même niveau de productivité que les nouvelles, mais qui les surpassent en termes de qualité. C'est donc plus difficile à fabriquer, mais chaque toile est unique et par conséquent plus rare.

On a vu apparaître des jeans qui ressemblent à des selvedge, mais qui n'en sont pas. Sont-ils quand même de qualité ?
Le denim selvedge est de plus en plus populaire ; du coup, des usines au Pakistan, en Chine, en Inde et en Thaïlande ont commencé à en fabriquer, sans se soucier de la qualité et en misant tout sur la production de masse. Chez Naked & Famous, pour assurer des produits de haute qualité, on utilise seulement de la toile japonaise pour nos jeans, nos chemises…

Brandon Svarc, surnommé le "crazy denim maker" (à gauche), fondateur de la marque Naked & Famous, et son bras droit, Bahzad Trinos (à droite).

Es-tu intéressé par les denims qui ne sont pas selvedge ?
Oui bien sûr ! 80 % de nos produits sont selvedge ; mais on utilise aussi d'autres matières comme le stretch, le cachemire... pour faire des jeans plus fashion et moins bruts. Mais attention ! Même quand nous ne faisons pas des denims selvedge, nous utilisons des toiles japonaises !

Comment laver son jean ?
Il n'y a pas de règle avec le jean brut. Ce qui est génial avec le denim brut, c'est que l'on peut faire ce que l'on veut ! Nous recommandons de laver un jean dans de l'eau froide et de le faire sécher suspendu, dès que vous en ressentez le besoin !

Qu'est-ce que tu penses des jeans délavés ?
Je n'aime pas les jeans délavés ! C'est comme si tu entrais chez un concessionnaire et qu'il te vendait une voiture complètement détruite à un prix neuf ! Tu vas dire au mec d'aller voir ailleurs...

Pour accéder à la vidéo : bngl.fr/brandon

La marque propose de nombreux produits dans des toiles de jean japonaises de grande qualité, et souvent avec beaucoup d'humour !

OPÉRATION SHOPPING : POUR DES ACHATS INTELLIGENTS

CENTRE COMMERCIAL

BUDGÉTISER SANS SE TROUER LES POCHES

UNE QUESTION D'ÉTAT D'ESPRIT, ET PAS D'ÉTAT DE VOS FINANCES

Avant toute chose, vous devez vous mettre en tête que ce que vous dépensez ne regarde que vous et qu'il vaut mieux éviter le plus possible de signaler le prix de vos vêtements. Vous pourrez ainsi investir plus sereinement et explorer davantage de pistes, sans vous soucier du regard des autres.

D'abord, tout bêtement, parce qu'un vêtement de qualité se remarque d'emblée à sa coupe, sa matière et ses finitions. Ces signes distinctifs subtils seront appréciés des connaisseurs bien plus que le prix ou la marque (et seront ignorés par ceux qui ne s'intéressent pas à la mode, il y en a, et il faut l'accepter).

Ensuite, car, il faut le dire, en France plus qu'ailleurs, le rapport à l'argent est ambigu, à la limite du tabou.

Ajoutez à cela qu'on attendra fatalement plus d'un homme qu'il dépense son argent en télé, sono ou voyages : il sera malheureusement jugé s'il fait le choix rationnel de faire passer son apparence en priorité.

Un principe de gestion budgétaire très simple peut être appliqué aux vêtements, mais aussi à tous les domaines, et il vous évitera bien des ennuis : si vous hésitez à acheter un vêtement pour son prix, c'est que vous n'en avez pas les moyens et que cela portera tôt ou tard préjudice à vos finances.

En faisant des choix intelligents, on peut s'habiller efficacement même avec un petit budget.

ATTENTION

Pour autant, n'achetez jamais de vêtements au détriment de votre vie sociale. Si économiser pour un manteau haut de gamme vous empêche de sortir pendant un mois avec vos amis, ou de partir avec eux à la mer, alors renoncez-y et prenez un manteau milieu de gamme à la place.

CONCRÈTEMENT, COMMENT RÉPARTIR VOTRE BUDGET ?

Une des erreurs fréquentes, c'est de griller les étapes et de vouloir acheter tout de suite la pièce forte, la pièce coup de cœur. Celle qui est censée changer à elle seule toutes vos tenues. Le risque, c'est de ne plus pouvoir acheter de bons basiques ensuite alors qu'ils sont la colonne vertébrale de votre dressing.

Vous devez d'abord vous concentrer sur ces vêtements simples qui vont avec tout : une veste formelle, un manteau bien coupé, quelques chemises et tee-shirts unis sobres, un pantalon formel, un jean, une paire de chaussures formelles et éventuellement une paire de sneakers. Pour compléter en hiver et à la mi-saison, au moins un pull col V et un cardigan.

Cela peut vous paraître limité, voire austère. Mais le grand avantage des basiques, c'est qu'ils vont avec tout et qu'ils se combinent facilement entre eux. Vous allez donc devoir investir pour constituer une solide base de départ (d'autant que des pièces comme les chaussures et le jean nécessitent un certain investissement pour être durables et de qualité).

SI VOUS HÉSITEZ À ACHETER UN VÊTEMENT POUR SON PRIX, C'EST QUE VOUS N'EN AVEZ PAS LES MOYENS ET QUE CELA PORTERA TÔT OU TARD PRÉJUDICE À VOS FINANCES.

TOUS LES POSTES DE DÉPENSE NE SONT PAS ÉGAUX

Enfin, il faut savoir qu'il n'est pas nécessaire d'investir de la même manière dans chaque vêtement. Certaines pièces comme les chaussures en cuir et les jeans exigent une dépense substantielle. Mais d'autres postes, comme les tee-shirts et les chemises, peuvent être compressés sans trop nuire à votre image.

LES JEANS

Il vous faut une qualité minimum qui assure que le jean vieillisse bien et que sa coupe s'adapte petit à petit à votre morphologie. En dessous d'un certain prix, un jean n'est pas rentable, car il s'use trop vite ou nuit à votre image.

Oubliez donc les jeans des enseignes bas de gamme. Autour de 50 €, optez pour un Cheap Monday ou un jean brut de chez Uniqlo.

Dans la tranche intermédiaire (80-100 €), seules les marques The Unbranded Brands, Balibaris et RSN sont valables. COS est également une alternative possible dans cette tranche, mais moins qualitative que les précédentes.

Pour un jean, le mieux reste quand même d'investir dès le début dans une bonne toile japonaise (compter autour de 130 € pour un jean que vous adorerez chez Renhsen, Naked & Famous, Études ou encore A.P.C.). La plupart de ces marques se trouvent sur Internet : si vous hésitez entre deux tailles, commandez les deux et renvoyez celle qui ne convient pas.

LES TEE-SHIRTS

Le plus simple reste Monoprix, mais vous pouvez aussi lorgner du côté d'American Apparel pour quelque chose de plus résistant, ou alors COS. Quoi qu'il en soit, ne dépensez jamais plus de 50 € pour un tee-shirt (sauf si c'est un très beau tee-shirt graphique, ou une pièce avec une matière et des détails vraiment travaillés).

LES CHAUSSURES

Vous ne pouvez pas tricher sur la qualité de vos chaussures : une paire bas de gamme s'usera bien trop vite, se remarquera tout de suite et risque même de vous causer des problèmes de dos.

Pour les chaussures formelles, vous ne trouverez rien en dessous de 150 €, ce qui correspond aux trois bottiers d'entrée de gamme en France : LodinG, Finsbury et Markowski. Le créneau suivant arrive directement dans les 250 à 300 €, avec des marques milieu de gamme comme Septième Largeur ou Altan.

Les sneakers sont par contre disponibles dans tous les budgets : des modèles d'inspiration militaire (German Army Trainers ou les baskets de la marine italienne trouvables à 25 € en friperie) aux sneakers Lanvin, magnifiques, originales et durables, mais onéreuses (autour de 400 €).

ASTUCE

N'hésitez pas à acheter vos souliers sur eBay qui regorge de modèles neufs à 150 € de marques très fiables comme Crockett & Jones ou Altan.

Les German Army Trainers sont des chaussures de dotation de l'armée allemande ayant inspiré des centaines de designers. On les trouve à moins de 30 € en friperie et en dépôt militaire.

BON PLAN

Pensez à la marque National Standard, qui fait produire dans les mêmes usines que les labels de luxe, les frais marketing en moins. Si vous avez un bon budget, optez d'abord pour ces modèles à 150-200 € pour déterminer quel style vous convient avant d'investir davantage dans des modèles de créateur (Lanvin, Dior, Balenciaga).

À l'extrême opposé, Lanvin propose des sneakers dans des matières luxueuses (cuirs vernis, très belles peaux retournées, cuirs nattés, etc.), avec des designs très travaillés.

LES MANTEAUX

Autrefois, acheter un manteau à 150 € dans une enseigne milieu de gamme était une bonne affaire. Aujourd'hui, avec l'augmentation du prix des matières premières, vous aurez un mélange un peu bâtard entre des fibres naturelles et synthétiques, pour le même prix.

Pour trouver un manteau dans une belle matière, il va falloir aller vers des marques comme COS ou Uniqlo, ce qui ramènera votre budget à 200-250 €.

Vers 300 €, vous pouvez trouver des pièces plus qualitatives chez Balibaris, et ensuite à partir de 450 € chez Melinda Gloss, Surface to Air, La Comédie Humaine, Kai-aakmann (la liste de bonnes marques est longue).

UNE VESTE FORMELLE

Si vous avez un petit budget et que vous portez rarement des vestes, nous vous recommandons H&M et Zara. Vous trouverez une fois par saison une veste potable, à la composition correcte (c'est-à-dire avec au moins 70 % de matières naturelles) pour moins de 100 €. En les essayant toutes et en comparant les matières, vous devriez sans problème voir de quoi nous parlons.

En poussant un peu plus, COS s'en sort encore une fois avec les honneurs.

Il y a ensuite un vide pour atteindre des vestes aux alentours de 300 €, chez des marques comme Filippa K, Ly Adams, Melinda Gloss. Le prix se justifiera alors par des matières plus travaillées et surtout une très grande durabilité. C'est le choix le plus raisonnable si vous portez régulièrement des vestes.

LES CHEMISES

Une chemise est un vêtement en contact permanent avec votre corps et qui subit donc frottements et transpiration. Elle doit être souvent lavée et s'use vite : la plupart ne vous feront généralement pas plus de deux à trois ans si vous les portez régulièrement. Il est donc inutile de trop investir.

Pour vous donner un ordre d'idée, leur prix ne doit pas dépasser un cinquième de ce que vous pouvez investir dans un manteau d'hiver. Cela tombe bien, une excellente offre s'est développée ces dernières années, aux alentours de 50-60 €. On peut citer des marques comme Hast, Maison Standards, Danyberd, Ben Sherman, COS, Bruuns Bazaar. Si vous faites un tour au Royaume-Uni, ne loupez pas Charles Tyrwhitt et TM Lewin.

Si vous recherchez une chemise de soirée, à porter occasionnellement mais vraiment au-dessus du lot, faites un tour chez Melinda Gloss, Marchand Drapier ou La Comédie Humaine (120-150 €).

LES PULLS

Uniqlo et Monoprix frappent là où on ne les attend pas avec de bonnes pièces en laine, dans des matières 100 % naturelles (vérifiez tout de même à chaque fois la composition, au cas où une pièce en matière synthétique se soit glissée dans votre panier).

Des marques plus confidentielles proposent des milieu de gamme intéressants, comme Maison Standard (50 €) et les mailles italiennes de chez Six & Sept (environ 100 €).

On arrive ensuite directement aux alentours de 150-200 € avec Monsieur Lacenaire (spécialisé dans le travail de la laine et du bébé alpaga), Melinda Gloss et Tiger-sushi Furs et ses excellents cardigans en cachemire.

Si vous ne voulez pas sacrifier l'originalité, vous trouverez sur les forums et les sites de petites annonces des pièces habituellement hors de prix à des tarifs accessibles. Comme cette chemise WJK, trouvée à 180 € sur Styleforum au lieu de 800 € en boutique.

LES BONS PLANS POUR DOMPTER VOTRE CARTE BLEUE

N'ACHETEZ PLUS VOS VÊTEMENTS AU PRIX FORT

Vous pensez sans doute que des pièces de luxe achetées avec une bonne régularité, à moitié prix, ce n'est pas possible. Eh bien nous avons une confidence à vous faire : si vous vous débrouillez bien, vous dépenserez encore MOINS.

Car à mesure que vous progressez avec le style, un phénomène paradoxal se produit. Plus vous achetez des pièces de luxe, moins cher vous les payez. À l'époque de la fac, nos amis nous demandaient tout le temps comment nous faisions pour nous payer des sneakers Dior ou Margiela, affichées à 350€ en boutique, malgré nos maigres revenus d'étudiants.

C'est très simple, à force de discuter avec les vendeurs et de chasser les bonnes affaires, nous avons développé un arsenal d'astuces pour dépenser moins. Et plus tard, à force de partager nos bons plans, certains nous ont fait part des leurs. Et aujourd'hui, nous achetons nos vêtements en moyenne au quart de ce qu'ils valent.

Il est temps de rejoindre les *happy fews* qui arrivent toujours à dénicher les bonnes affaires à temps. Dans quelques mois, vous trouverez même cela bizarre que certains puissent encore acheter leurs vêtements si cher…

ASTUCES

01

Demandez TOUJOURS une réduction

Les vendeurs des boutiques (hors chaînes) bénéficient toujours d'une marge de manœuvre commerciale, qu'ils réservent habituellement à leurs clients réguliers ou à leurs amis. C'est pourquoi neuf fois sur dix, ils sont capables de vous offrir une réduction, et passent effectivement à l'action. Alors à partir de maintenant, n'ayez plus peur de demander pour en bénéficier à votre tour.

02

Tirez votre épingle des soldes

Attendre autant que possible les soldes est une bonne chose, encore faut-il savoir comment en profiter pleinement. Et croyez-nous, vu la vitesse à laquelle disparaissent chaque année les meilleures pièces, cela n'a rien d'évident. Mais avec une bonne préparation et quelques sessions pratiques, vous obtiendrez facilement les pièces qu'il vous faut, en économisant votre temps, votre sueur et votre argent.

NOTRE MÉTHODE POUR FAIRE LES SOLDES

Un grand général a dit qu'une bataille est toujours gagnée ou perdue d'avance, car ce qui importe vraiment est sa préparation. De la même manière, les soldes commencent dans les faits bien avant leur jour d'ouverture, annoncé en grande pompe sur les vitrines ou dans la presse. Le champ de bataille auquel vous assistez le jour J ne devrait être qu'une formalité, car vous devriez déjà savoir précisément la veille quels magasins visiter, quels vêtements ils proposent, et ce que vous allez acheter. Voici donc les préparatifs les plus indispensables, et quelques astuces de fin limier.

— *Avant le jour J*

Retenez votre taille par cœur, car vous n'aurez pas toujours le temps de faire la queue durant les soldes.

- Essayez si possible les vêtements AVANT les soldes.
- Pour être préparé au mieux, partez en repérage. Demandez aux vendeurs quels produits seront soldés, et à combien. Cela vous permettra de budgéter efficacement et de ne pas vous attarder sur les boutiques à faible potentiel.
- Demandez aussi s'il est possible de mettre certaines pièces de côté, en disant que vous passerez les chercher sans faute le premier jour à l'ouverture. Vous pouvez aussi proposer de déposer un chèque à l'avance.
- Truc de renard : mettez les vêtements qui vous intéressent à l'arrière des rayons, voire cachez-les un peu. Vous aurez ainsi plus de chance de les retrouver le jour J.

Et surtout, prenez note des informations que vous avez obtenues. Faites-vous ensuite une liste chronologique des boutiques à visiter en fonction de leur localisation et de leur degré d'intérêt.

— *Le jour J : lancement des soldes*

Les grands magasins doivent être visités dès les premières heures, car c'est là que les bonnes pièces disparaissent en premier. Une fois passé le rush, prenez-vous une collation et dirigez-vous plus sereinement vers les boutiques plus petites et plus pointues.

Quant aux chaînes, vous aurez tout le temps de leur rendre visite plus tard. Les soldes sont autant pour elles un événement commercial qu'une occasion de liquider les invendus. C'est pourquoi elles sortent des collections exclusivement destinées à être écoulées pendant cette période, ce qui est peu intéressant pour le consommateur puisque la qualité tend à être encore moins bonne que d'habitude.

Portez des vêtements qui vous feront gagner du temps lors des essayages : une paire de sneakers, un jean et un tee-shirt. Même s'il y a la queue aux cabines d'essayage, faites l'effort d'essayer les vêtements au moindre doute. Le fait qu'ils soient soldés à 50 % ne signifie pas que vous devez être 50 % moins exigeant vis-à-vis de vous-même.

Pendant les soldes, privilégiez les multimarques de qualité comme FrenchTrotters, c'est là que vous ferez de (vraies) bonnes affaires.

5 PLANS À NE PAS RATER

— *Les ventes privées, ou ventes presse*

Passons maintenant aux astuces qui vous donneront accès aux meilleures affaires. Connaissez-vous les ventes privées ?

Il s'agit d'opérations semblables aux soldes, et qui ont en général lieu une ou deux semaines avant les soldes officielles. Ces événements présoldes assez exclusifs sont organisés par les boutiques haut de gamme, qui donnent accès à quelques chanceux aux vêtements qui seront soldés, et cela avant tout le monde.

L'objectif pour les boutiques est de graisser la patte aux journalistes et autres relations professionnelles, ou de remercier leurs meilleurs clients. Comme vous pouvez le deviner, c'est à ce moment-là que se réalisent les meilleurs achats. Et ce qui sera plus tard proposé au public n'est que du second choix : ce que n'ont pas voulu acheter les privilégiés des ventes privées.

Il y a différents moyens pour assister aux ventes privées. Attention à vous y prendre bien à l'avance, c'est-à-dire un ou deux mois avant les soldes. Likez les fan pages Facebook des designers haut de gamme que vous aimez. Certains invitent parfois leurs *followers* via un carton d'invitation à imprimer et une adresse communiquée quelques jours avant. À notre connaissance, Maison Martin Margiela, Melinda Gloss et Damir Doma le font. C'est là aussi que joue l'importance des bonnes relations que vous entretiendrez avec les vendeurs. C'est à ceux qui vous reconnaissent qu'il faudra gentiment demander une invitation.

Pour les autres, il faudra être plus culotté. Habillez-vous du mieux que vous pouvez, et pour cette fois n'hésitez pas à pousser le côté hype. Allez en boutique, et prononcez cette formule magique : "Bonjour. Je n'ai pas reçu d'invitation pour les soldes privées, est-ce qu'il y en aura cette année ?" Parfois, cela marche !

Mais la méthode la plus simple reste Internet. Nombre de passionnés partagent leurs bons plans via des forums ou des sites web, ou diffusent les cartons d'invitation à imprimer. Soyez simplement sur vos gardes à ce moment-là et laissez traîner vos yeux.

— *Les liquidations de stocks, inventaires et autres soldes annuelles*

Ces opérations ont pour but de dégager du stock du magasin tout ce qui ne s'est pas vendu au cours des opérations précédentes. Il y a très peu de pièces intéressantes, et cela se voit : certains de ces vêtements ont quitté les rayons il y a plus de cinq ans. Le concept n'a pas l'air très aguicheur, mais avec un peu de ténacité, vous pouvez dénicher des pièces de designers bradées à moins 90 %.

Pour un débutant, ces ventes ressemblent à un souk : sol jonché de vêtements, portants surchargés, et toute une masse de gens bizarres qui s'agitent et achètent n'importe quoi simplement parce que les pièces portent la griffe de designers et sont vendues aux mêmes prix que du low-cost. Mais avec suffisamment de recul et d'imagination, vous pourrez faire la part des choses et tomber sur de vraies pépites.

— *Passer outre certains détails*

Souvent, les clients boudent une pièce pour une raison bien précise, comme un détail qu'ils n'aiment pas ou une coupe un peu trop excentrique. N'hésitez pas à acheter certaines pièces pour les faire ensuite retoucher et régler ainsi ce qui posait problème.

L'un d'entre nous a par exemple acheté un magnifique pantalon Gustavo Lins à 50 € au lieu de 400 €. Matière incroyable, coupe parfaite, détails originaux, mais un seul problème : des pattes d'éléphant. Qu'à cela ne tienne, il en a fait un pantalon cigarette en faisant resserrer les jambes pour 10 € de plus.

— *Le shopping online*

Internet est le moyen le plus risqué quand on achète des vêtements. Pour une bonne et simple raison, on ne peut pas les essayer. Pourtant, on y trouve des affaires incroyables. Pour ne pas s'égarer, il faut simplement essayer les mêmes vêtements en boutique avant de les commander sur le site marchand qui les brade. C'est simple, pourtant peu de gens y pensent. Si vous ne trouvez pas l'équivalent en magasin, et si l'achat représente un risque, alors n'achetez que sur des boutiques online qui offrent une politique de retour et de remboursement en argent (et non en bons d'achat).

Quand vous trouvez un vêtement qui vous intéresse sur Internet, essayez toujours de chercher des codes de réduction en tapant sur un moteur de recherche : (nom du magasin)+(code réduction) (ou coupon code, promo code...). Vous trouverez régulièrement des codes à rentrer au moment de la commande pour bénéficier de 10 ou 20 % de réduction.

Autre moyen de bénéficier de coupons de réduction : Facebook et Twitter. Suivez vos boutiques online préférées, et elles vous le rendront bien. Celles-ci cherchent régulièrement à doper leurs ventes lors des périodes creuses, des fêtes de Noël et de Pâques, ou pendant les soldes, en offrant des coupons de réduction à durée limitée ou des offres spéciales sur certains produits. C'est le cas en particulier d'asos.com, yoox.com ou de l'excellent luisaviaroma.com.

— *Les petites annonces du Net*

Les petites annonces du Net sont LA vraie mine d'or. Les membres de forums comme commeuncamion.fr mais aussi superfuture.com, stylezeitgeist.com, hypebeast.com et solecollector.com revendent leurs vêtements de qualité bien en deçà de leur prix boutique. Les raisons varient : "ce n'est plus mon style", "j'ai acheté la mauvaise taille", "j'ai besoin d'argent en ce moment".

Il est très rare que ces vêtements soient revendus parce que la coupe ou la qualité sont mauvaises. Pour deux raisons très simples. Tout d'abord, ces gens sont des passionnés, et savent pour la plupart ce qu'ils font. Deuxièmement, ils n'ont aucun intérêt à se griller auprès de leur communauté pour quelques dizaines d'euros. Vous pouvez donc traiter avec eux avec une relative confiance.

Ce qui est très intéressant, c'est que vous pourrez aussi leur poser directement vos questions quant à la taille ou à des détails pratiques ("est-ce que le manteau est assez chaud pour l'hiver ?"), et bien sûr négocier le prix.

Toutefois, veillez à respecter les règles d'usage de ces forums : écrivez une petite présentation de vous-même avant de commencer à poster, socialisez avec les autres membres, essayez d'apporter de la valeur à la communauté et ne donnez pas votre opinion si elle n'est pas étayée, car vous y trouverez de vrais puristes (parfois trop).

LES BONS PLANS PEUVENT VOUS COÛTER CHER

Pour terminer ce chapitre sur les bons plans, nous avons quelque chose d'important à vous dire. L'objectif des bons plans est de vous faire économiser de l'argent, et d'arriver plus rapidement à une garde-robe complète et fonctionnelle. Le retour du bâton, c'est que chez certains, cela devient une excuse pour acheter plus, et toujours plus. Ne tombez pas dans cet excès.

Premièrement, tenez-vous-en toujours aux règles de bases du bon shopping : concentrez-vous sur le fit, la coupe et la qualité des vêtements. Le prix attractif ne doit JAMAIS être l'élément déclencheur de l'achat : des bonnes occasions, vous en croiserez d'autres. Ne laissez pas non plus l'hystérie ambiante des soldes vous faire acheter des choses trop cher ou dont vous n'avez pas besoin : un costume haut de gamme soldé 90 % qui n'est pas à votre taille reste une mauvaise affaire (à moins d'avoir déjà en tête les retouches à effectuer, ce qui est une tout autre chose). Évitez les e-shops comme Spartoo et Sarenza, même si certains blogs peu scrupuleux font de l'affiliation ou des articles pour eux : ce sont des e-commercants qui font du volume, et pas forcément de la qualité.

Deuxièmement, il se peut que vous soyez tenté de dépenser votre argent sans faire trop attention, certes dans de très bonnes affaires, mais sans forcément en avoir les moyens ou le besoin. Alors avant chaque achat, prenez un moment pour réfléchir et demandez-vous toujours si c'est judicieux à la lumière de ce que cela va vous coûter. Car souvenez-vous qu'un tee-shirt Rick Owens, même à moins 60 %, vaut encore une bonne centaine d'euros, et qu'une telle dépense requiert une réelle réflexion.

Avec de la patience et du recul, vous ferez de très belles affaires et construirez une garde-robe solide, agrémentée de pièces originales, pour bien moins que vous l'auriez pensé. Le renouvellement de votre garde-robe se fera aussi bien plus lentement qu'aujourd'hui, car vos achats seront des vêtements faits pour durer. Vous économiserez donc même après votre investissement initial. Seul point négatif : vous ne pourrez plus vous plaindre du prix des vêtements !

LOST IN TRANSLATION : OÙ FAIRE DU SHOPPING ?

LA MÉTHODE POUR SAVOIR OÙ ACHETER VOS VÊTEMENTS

— *Vous trouverez partout en France de bons vêtements*

Contrairement à ce que l'on peut penser, les achats de vêtements ne se font pas à l'instinct. C'est une erreur à ne plus commettre.

Pour acheter intelligemment, il faut d'abord repérer les bonnes boutiques de votre ville. Et croyez-nous, il en existe. Si vous habitez une ville trop petite, n'hésitez pas à prendre une journée pour repérer les meilleures boutiques de la grande ville d'à côté.

Croire qu'il n'y a qu'à Paris que l'on trouve des vêtements de qualité est une erreur monumentale. Nous sommes très clairs là-dessus : des boutiques haut de gamme, il y en a dans toutes les grandes villes de France. Certes, les sélections sont plus ou moins réussies, mais il y en a quand même.

Par exemple, vous pouvez tout à fait trouver la marque Commune de Paris à Tours, du Dior Homme à Deauville, du Rick Owens à Lille, du Wooyoungmi à Toulouse ou du Faliero Sarti à Avignon. C'est encore plus vrai pour les marques du milieu de gamme (celles qui nous intéressent généralement).

ATTENTION

Si vous êtes convaincu qu'il n'y a rien dans votre ville, vous vous mettez littéralement d'énormes œillères. Prenez conscience que dans votre ville, il y a sûrement encore plein de perles inconnues qui ne demandent qu'à être découvertes.

— *Découvrez les meilleures adresses de votre ville*

Promenez-vous en centre-ville et passez par des rues différentes que d'habitude. Bien souvent, les meilleures boutiques se trouvent dans les petites ruelles, loin des artères très fréquentées où les grandes enseignes se concentrent.

Dans ces ruelles plus à l'écart, les loyers sont moins chers, le local de la boutique peut être éventuellement chargé d'histoire, le lieu est plus personnel : il y a de multiples raisons qui incitent un gérant de boutique à choisir ce type d'emplacement. Et c'est aussi un moyen de filtrer sa clientèle.

Ensuite, demandez aux vendeurs quelles sont leurs boutiques préférées (à part la leur, bien entendu). Ces conseils permettent de tomber sur des perles (et pas qu'en matière de mode masculine, mais aussi de lieux pour écouter de la musique ou boire un verre). C'est souvent quand on ne cherche pas que l'on fait les meilleures découvertes.

QU'ACHETER EN RÉGION ?

En région, les beaux manteaux sont assez compliqués à trouver, tant l'offre n'est globalement pas terrible. Il n'y a en fait que trois possibilités. La première consiste à aller dans du PAP grand public et à repérer le seul manteau correct (et éventuellement à faire quelques retouches). La deuxième consiste à aller dans un grand magasin type Galeries Lafayette ou Printemps, et à trouver également la perle rare. Ce n'est pas évident non plus, car la sélection de certains magasins de région manque souvent de créateurs modernes. La troisième option consiste à repérer encore une fois les petites boutiques pointues de votre ville et à trouver votre manteau là-bas, où il y a souvent des modèles bien supérieurs aux endroits grand public.

Les jeans ne posent pas beaucoup de problème à trouver en région. Si A.P.C. se trouve un peu partout, il y a souvent du Edwin voire même du Nudie dans une ville moyenne française. Si jamais vous ne trouvez pas ces marques, allez chez Diesel lors des soldes. Si ces jeans seront moins costauds qu'une toile japonaise, cette marque a le mérite d'offrir de bonnes coupes pour toutes les morphologies possibles, y compris dans de jolies toiles brutes. Si vous n'avez pas de budget, H&M et Zara font des jeans bruts corrects, mais qui supporteront mal un port intensif plus d'une année.

Si l'on peut tout à fait s'en sortir honorablement en région, Paris reste le terrain de jeu idéal pour refaire sa garde-robe et réaliser de bonnes affaires.

Quant aux chaussures, les très petits budgets devront se contenter de chaînes comme Minelli ou André. L'espace chaussures d'un grand magasin de région recèle souvent deux ou trois modèles très corrects en milieu de gamme. Si vous avez un budget conséquent (plus de 300 € pour une paire), il va falloir trouver une boutique spécialisée. N'hésitez pas à demander des suggestions d'adresses à des vendeurs de bonnes boutiques de prêt-à-porter.

Les chemises et les tee-shirts ne sont vraiment pas difficiles à trouver en région. Il y en a littéralement partout, et ce, dans toutes les gammes de prix.

Soyez patient et n'hésitez pas à prendre le temps de bien fouiller : c'est comme cela que l'on fait de bonnes affaires.

FAIRE SON SHOPPING À PARIS

Vous montez à Paris pour faire du shopping ? C'est une très bonne chose, car c'est incontestablement là que l'on trouve le plus grand choix et les meilleures sélections.

Les soldes peuvent être une excellente opportunité pour faire de bonnes affaires : si c'est pour poser les bases de votre garde-robe, vous rentabiliserez très largement votre billet de train (surtout si vous prenez vos billets à l'avance). Et pour l'hébergement, débrouillez-vous pour loger chez un ami !

Le plus intéressant reste inévitablement le secteur du Marais, qui s'étire jusque derrière la place de la République. Cette zone propose des boutiques avec de belles sélections, sur différentes gammes de prix (voir Adresses, p. 186).

Toutefois, nous vous mettons en garde. Encore une fois, faites attention aux boutiques que vous voyez souvent dans les magazines de mode (The Kooples, Sandro, Zadig & Voltaire…). Même si le style peut être intéressant, les vêtements de ces marques sont beaucoup trop chers au regard de leur qualité.

Chapitre 4

PRÊT-À-PORTER ET NON PRÊT-À-JETER

LE TERRAIN D'APPRENTISSAGE DU PRÊT-À-PORTER

Fréquenter les chaînes de prêt-à-porter masculines (Zara, H&M, Gap...), c'est un peu comme aller au fast-food. Les produits sont globalement bon marché, et tout le monde y cherche au moins une fois par mois sa dose de plaisir coupable. Mais une fois le plateau vide, vous vous dites que la prochaine fois vous dépenserez votre argent d'une manière plus utile... pour finalement y retourner le mois d'après.

Toutefois, même au fast-food, vous pouvez éviter le piège de la malbouffe en prenant une salade. Et c'est aussi vrai avec les enseignes destinées aux masses : avec un peu de discipline et de connaissance, vous serez capable de faire de bonnes affaires.

Les chaînes ont un avantage de taille : des prix bas. Et bien que la qualité des vêtements laisse la plupart du temps à désirer, on peut avoir de bonnes surprises. C'est donc une excellente solution pour les petits budgets ainsi qu'un terrain d'apprentissage à moindre frais pour les débutants : leurs erreurs seront moins coûteuses.

COMMENT PROCÉDER AVEC LE PAP ?

Comme nous l'avons dit, la plupart des vêtements y sont sans intérêt. Moins de 5 % d'une collection sont portables (ce qui est aussi vrai chez bon nombre d'enseignes haut de gamme). Cela s'explique par le fait que les chaînes ciblent des gens globalement dépourvus de connaissances en style. La marchandise est donc à la hauteur de leurs attentes. Comprendre bon marché, mais fragile, coupée approximativement et banale. Soyez donc très vigilant. Et n'abaissez pas vos standards simplement parce que le prix vous le permet. Pour repérer les bons achats, il faudra vous focaliser sur les trois piliers du shopping : le fit, la qualité et la coupe. Soyez INTRANSIGEANT avec ces trois-là !

REPÉRER LES COLLECTIONS PREMIUM

Comme très peu de vêtements sont acceptables où que vous alliez, vous allez devoir écumer plusieurs magasins et chercher parmi des dizaines d'articles avant de trouver ce que vous cherchez. Pour améliorer vos chances, commencez par jeter un œil aux collections premium des marques de prêt-à-porter grand public :

- H&M Trend (ce sont les vêtements marqués d'une étiquette violette),
- Zara Premium (avec la chaînette sur l'étiquette),
- ainsi que les collections réalisées en collaboration avec des marques haut de gamme (H&M x Lanvin, Uniqlo x Jil Sander, H&M x Lagerfeld).

Passez ensuite aux collections classiques des marques, tout en restant très sélectif quant au fit, à la qualité et à la coupe.

De simples vêtements de bonne qualité et coupés correctement permettent déjà d'avoir une tenue qui sort du lot si vous rajoutez une pièce plus forte comme ces sneakers à bouts vernis.

DISTINGUER LA QUALITÉ DES COULEURS

La qualité des processus de teinture et des pigments utilisés dans la coloration des tissus est un des premiers postes de coût que les marques grand public sabordent pour vous offrir leurs produits à un prix aussi compétitif. Évitez les couleurs cheap. Nous entendons par là, évitez toutes les couleurs un peu effacées, un peu poussiéreuses et préférez les teintes profondes. C'est un peu compliqué à saisir pour un débutant, mais si vous comparez les teintures de vêtements de qualité à d'autres de mauvaise qualité, vous verrez de quoi nous parlons. Et c'est particulièrement flagrant quand vous observez les reflets à la lumière du jour : les teintures de qualité arboreront de beaux reflets, alors que les couleurs de mauvaise qualité resteront un peu ternes et assez mates.

ÉVITER LES DANGERS DU MARKETING

Nous préférons le rappeler encore une fois : évitez les logos et les imprimés sur les vêtements que vous achetez. Vous devriez être payé pour faire de la pub, et pas l'inverse. Ne cédez pas aux sirènes du marketing : achetez des vêtements qui vous mettent en valeur, et pas forcément ceux qui sont soi-disant à la mode aujourd'hui. Et avant d'acheter un vêtement, demandez-vous si vous l'achèteriez même s'il était d'une autre marque toutes choses égales par ailleurs.

Faites toujours l'effort d'essayer les vêtements avant de les acheter. TOUJOURS. Une fois face au miroir de la cabine d'essayage, prenez le temps de bien regarder le vêtement et comment il interagit avec votre corps. Soyez sévère et critique vis-à-vis de la qualité, de la coupe et surtout du fit. Autre chose : n'achetez jamais un vêtement qui n'est pas à votre taille en espérant que cela s'arrange avec le temps. C'est certes compliqué de trouver des vêtements avec un bon fit, mais sachez que vous serez largement récompensé pour vos efforts : un bon fit qui met en valeur votre morphologie peut faire passer un vêtement banal pour une pièce de designer.

FAIRE UN TOUR DU CÔTÉ DES ACCESSOIRES

Enfin, ne quittez pas le magasin avant d'avoir passé une tête du côté des accessoires. Acheter ses accessoires dans les enseignes grand public est tout à fait pertinent, dans la mesure où la différence de qualité ou de durabilité entre une ceinture / cravate / écharpe à 10 ou 80 € est peu perceptible. Profitez-en pour faire des économies sur ces produits, et concentrez votre budget là où il est productif (jeans, blazers, chaussures).

ASTUCE

Allez voir de temps à autre les accessoires du rayon femme. Cela peut paraître surprenant, mais on y trouve souvent de meilleures affaires que chez les hommes ainsi qu'un choix plus riche. Surtout en ce qui concerne les foulards et les écharpes. Bien sûr nous ne sommes pas en train de vous dire de porter des écharpes à fleurs et des chapeaux à froufrous, mais de prendre en considération tout ce que le rayon compte d'accessoires unisexes.

Des accessoires simples comme une cravate en tricot ou une pochette glissée négligemment dans la poche permettent de réveiller n'importe quel costume de prêt-à-porter.

LES FAUSSES BONNES AFFAIRES : ÇA EXISTE !

L'achat d'une nouvelle pièce dans votre garde-robe est toujours un moment spécial, presque un rituel. Cela commence par le vendeur en boutique, au sourire impeccable, qui vous attend de pied ferme, prêt à vous vendre des articles soldés à moins 70 % alors que vous n'avez rien demandé.

Suivi du casse-tête interminable de savoir précisément "quoi" acheter. Face à un océan de vêtements disposés en domino sur 400 mètres carrés, on a souvent cette interminable sensation d'effectuer un parcours du combattant semblable aux plongées en apnée du *Grand Bleu*. Alors comment s'en sortir ?

Tous les ans, nous consacrons une partie non négligeable de notre budget aux vêtements. Pourquoi ne chercherions-nous pas à le dépenser plus intelligemment (ce qui équivaut donc à économiser sur son budget) et en même temps à nous faire plaisir ? (Que celui qui n'a jamais souri face à un compliment sincère sur une chemise achetée nous jette la première pierre.)

Il y a différentes manières de faire, mais aussi différents écueils à éviter !

ERREUR N° 1 : TROP SE FIER À LA MARQUE

Le sens commun vous incite à acheter moins cher des marques connues. Vous voyez l'étiquette de la marque, et vous vous dites que c'est un peu comme les stickers bio sur les fruits : vous avez confiance, alors vous achetez. Vendre à prix discount des articles de marque, c'est une façon séduisante, pour ne pas dire pratique, qu'ont les magasins pour écouler les anciens stocks en attendant les nouvelles collections.

Mais attention à ne pas être induit en erreur par le prix. Non pas parce qu'acheter moins cher est une "faute", mais tout simplement parce que vous vous focalisez en réalité plus sur le coût de l'article que sur ce qu'il vous apportera.

Une veste à 200€ au lieu de 1 500€, avouez que c'est tentant. Mais si elle est mal coupée, à quoi sert-elle ? Et un jean soldé en taille 34 alors que vous faites du 31, à quoi bon l'acheter 20 % du prix s'il ne vous ira jamais, même une fois retouché ? Ce sont des pertes d'argent, évitez-les !

Les soldes sont l'occasion d'acheter des pièces solides qui vous accompagneront plusieurs années, alors ne cédez pas aux achats impulsifs pour des pièces qui resteront dans votre penderie toute l'année sans que vous y jetiez un œil.

Les multimarques comme Centre Commercial regorgent de marques plus confidentielles. C'est l'occasion d'apprendre à juger les vêtements au regard de leur qualité, et non plus de ce que vous inspire leur marque.

ERREUR N° 2 : RESTER COINCÉ DANS SES HABITUDES

Une autre façon de faire est de se dire que la marque ou le style importe peu : "Pourvu que l'on se sente confortable, c'est l'essentiel." Et d'acheter au "feeling"... Ce qui se traduit en réalité par le fait d'aller dans la même boutique pour prendre le même jean banal qui fait moyennement l'affaire, d'année en année, question de sécurité.

Le problème, c'est que vous passez à côté d'opportunités, mais aussi qu'acheter en boutiques grand public coûte parfois aussi cher qu'acheter des vêtements un peu plus haut de gamme. Par exemple, un jean grand public coûte environ une cinquantaine d'euros alors qu'en rajoutant entre 20 et 50 €, on a accès à des jeans haut de gamme chez Acne ou Nudie.

Il est important de remplacer progressivement ces mauvaises habitudes acquises au fil des années, et qui vous ont trop souvent induit en erreur.

ATTENTION À NE PAS ÊTRE INDUIT EN ERREUR PAR LE PRIX. NON PAS PARCE QU'ACHETER MOINS CHER EST UNE "FAUTE", MAIS SIMPLEMENT PARCE QUE VOUS VOUS FOCALISEZ EN RÉALITÉ PLUS SUR LE COÛT DE L'ARTICLE QUE SUR CE QU'IL VOUS APPORTERA.

SHOPPING TRIPLE ACTION : FIT / QUALITÉ / COUPE

LE FIT : EST-CE À MA TAILLE?

Ce que nous allons dire ici va vous sembler évident, mais nous prenons le risque : ne portez que des vêtements à votre taille. C'est ce que nous appelons le "fit" d'un vêtement.

Portez des vêtements qui moulent délicatement vos épaules, vos hanches et vos cuisses. Si ces trois parties du corps ne sont pas maintenues par vos vêtements, alors vous vous habillez trop grand. À l'inverse, si de nombreux plis disgracieux apparaissent, vos vêtements sont trop petits.

Voici quelques repères qui vous aideront à juger du fit des vêtements :

- pas plus de deux doigts d'espace entre le pantalon et la taille,
- pas plus d'espace que le poing entre le blazer fermé et votre plexus,
- pas de matière en trop à l'entrejambe, aux fesses ou au niveau des épaules.

LA QUALITÉ DES MATIÈRES ET DES FINITIONS

Reconnaître la qualité des matières et des finitions vient avec l'expérience. Habituez-vous dès maintenant à évaluer les vêtements en les regardant de près et en les touchant quand vous êtes dans un magasin. Visitez aussi des boutiques de luxe pour observer avec attention les vêtements, et avoir ainsi une idée du standard vers lequel vous devez tendre. Vous saurez ainsi identifier les bonnes affaires quand elles se présenteront ailleurs à un prix plus raisonnable.

Voici à quoi ressemblent des vêtements qui ont le bon "fit" : ils suivent la silhouette du porteur sans jamais le mouler. (Le pantalon court est un choix stylistique agréable en été, mais ce n'est bien sûr pas ce que nous recommandons pour la vie de tous les jours.)

LES COUPES : CE N'EST PAS SI COMPLIQUÉ

Le dernier point à ne JAMAIS négliger est la coupe du vêtement. C'est un terme un peu abstrait, qui désigne la capacité du vêtement à épouser et mettre en valeur votre corps. Des vêtements à votre taille ne rempliront pas forcément ces deux caractéristiques : c'est là que le savoir-faire de la marque intervient.

Notez aussi que toutes les coupes ne vont pas à tout le monde. L'important est d'en trouver une adaptée à votre morphologie, et il n'y a qu'en essayant les vêtements que vous saurez si c'est le cas. Quand vous essayez un vêtement, prenez une posture la plus naturelle possible. Ne soyez pas voûté, mais ne vous tenez pas droit comme un piquet non plus. Ne rentrez pas votre estomac, et n'écartez pas outre mesure vos épaules. Maintenant, détendez-vous et bougez.

Regardez le vêtement accompagner vos mouvements, videz-vous l'esprit, et faites-vous votre propre idée de la pièce. Essayer ses vêtements "en condition réelle", c'est-à-dire de manière détendue et relâchée, vous évitera des mauvaises surprises de retour à la maison.

Et voici la même personne avec les mêmes vêtements choisis trop grands. On se retrouve avec une silhouette flasque qui ne met pas en valeur le porteur.

CONSEIL

Pour jauger la qualité d'une coupe :

— Vérifiez que les épaules sont bien délimitées, que le vêtement dessine la cassure de l'épaule en décrivant un angle, et qu'il ne s'affaisse pas sur elle. Les épaules sont l'élément clé d'une silhouette masculine.

— Évitez les excès de tissu aux aisselles, à l'entrejambe ou aux cuisses. Le tissu ne doit pas non plus y gondoler, mais accompagner les lignes de votre corps.

ATTENTION

— Portez une attention toute particulière aux reflets des matières. Une belle toile se décline en plusieurs nuances en fonction de l'angle d'inclinaison avec lequel vous la regardez.

— Le degré de finition peut lui aussi vous renseigner sur la qualité du vêtement. Un travail soigné (coutures et découpes régulières, pas de bavures) ou de nombreuses finitions (pièces de renfort, doublures, doubles coutures, poches intérieures) plaident en faveur du vêtement.

LA CIA DU STYLE : FAIRE DES VENDEURS SES ALLIÉS

Les vendeurs sont intimidants quand on n'a pas l'habitude de faire les boutiques. Je pense que tout le monde s'est déjà senti oppressé par le regard fixe d'un vendeur dans une boutique vide, ou harcelé par ses questions et ses propositions d'essayages. Peut-être même vous est-il déjà arrivé, après achats, d'avoir l'impression qu'il vous avait un peu forcé la main sur des produits qui ne vous plaisaient pas tant que cela. Eh bien ce chapitre vous aidera à mieux gérer ce type de situations.

Tout d'abord, nous tenons à dire que les vendeurs ne sont pas vos ennemis. Bien sûr, il faut juger ce qu'ils vous racontent en tenant compte des enjeux commerciaux. Mais cela ne signifie pas qu'il faille être constamment sur la défensive, ou rejeter en bloc tout ce qu'un vendeur vous dit.

La qualité des relations que vous entretenez avec les vendeurs dépendra de votre propre maîtrise du style. Au début de votre apprentissage de la mode masculine, vous ne serez pas vraiment en mesure de savoir si l'information que l'on vous donne est fiable, ou si ce n'est que du foin commercial. Mais petit à petit, vous arriverez à faire le distinguo. Le vendeur s'en rendra compte, et ne vous donnera plus que des informations utiles, voire vous rendra de menus services.

Par exemple, un bon vendeur pourra vous donner des conseils de stylisme si vous peinez à assortir une pièce de la collection avec une autre. Il saura aussi vous conseiller des pièces de la collection qui s'intègrent naturellement avec votre tenue du jour.

Par ailleurs, il verra très rapidement si un vêtement s'avère trop petit ou trop grand, saura vous conseiller la taille adéquate, ou une autre coupe qui vous met plus en valeur. Les meilleurs identifieront même les retouches qui permettront d'obtenir une pièce qui vous ira parfaitement.

Mais bien entendu, gardez toujours du recul sur leurs conseils.

DON'T WORRY, BE HAPPY

— *80 % de la pression, c'est vous qui vous la mettez !*

Tout d'abord, soyez calme et détendu quand vous discutez avec un vendeur. Si vous choisissez de voir dans le personnel de vente des vendeurs plutôt que des sources potentielles de bon conseil, alors vous n'aurez jamais plus que la stricte relation commerciale.

Mettez un peu de côté votre sentiment de méfiance et vos idées reçues. Quand vous ressentez une pression à l'achat dans une boutique, est-ce la faute du vendeur, ou êtes-vous tout simplement mal à l'aise dans cet environnement ? Ne soyez surtout pas gêné par le fait de ressortir d'une boutique sans avoir rien acheté. Explorer des boutiques par simple curiosité, par plaisir ou pour apprendre, est votre droit le plus strict. Une surface de vente, ce n'est pas Disneyland : personne ne vous demandera de payer votre ticket.

Alors habituez-vous dès maintenant à essayer les vêtements sans acheter. Arrêtez de voir dans les cabines d'essayages des caisses enregistreuses sur lesquelles on a accroché des rideaux. Ce n'est qu'avec cette prise de recul salutaire que vous serez capable de faire de bons achats quand ils se présenteront à vous.

— *Doit-on accorder sa confiance au vendeur ?*

Ne partez pas faire du shopping tout seul pour vos premières escapades stylistiques, et questionnez toujours la véracité des propos du vendeur. Partez du principe qu'un vendeur doit gagner votre confiance, mais ne le prenez pas pour autant pour un arracheur de dents... sauf raison valable. Si vous ressentez une gêne face à lui, la présence d'un ami vous aidera à rester lucide. Vous pourrez accorder au vendeur plus de confiance quand vous le connaîtrez mieux. Mais même à ce moment-là, souvenez-vous que peu importent sa bonne volonté, son capital sympathie ou sa connaissance des produits, son premier objectif reste... de vendre.

Il n'y a aucune raison d'être intimidé par une boutique haut de gamme : c'est justement chez de jeunes marques comme éclectic que vous rencontrerez des professionnels passionnés et ravis de partager leurs connaissances.

— *Savoir dire NON*

Les vendeurs de prêt-à-porter sont un peu à l'image de leurs vêtements : peu importe la marque ou l'endroit, le meilleur côtoie toujours le pire. Quand vous tombez sur les pires vendeurs, qui vous jouent grossièrement des airs de pipeau, en vous affirmant qu'un vêtement manifestement trop grand “vous va”, “va se rétrécir, vous verrez”, ou “se porte comme ça cette saison”, faites-lui savoir que vous ne marchez pas. Mais faites-le avec les formes. Avec fermeté et politesse. Et si un autre vous harcèle non stop avec des commentaires inutiles du genre “c'est la grande mode cet été”, “Romain Duris l'a porté”, ou vous gratifie d'un inventaire à la Prévert sur les détails techniques des coupes et des matières, agissez. Ne soyez pas gêné de lui dire avec le sourire : “Merci, c'est sympa, mais je ne fais que regarder. Je vous appellerai si j'ai besoin d'aide !” Deux petites phrases, toutes simples. Rien de plus. Rien de moins.

ASTUCE

Certains hommes sont plus à l'aise pour faire les boutiques quand ils portent leur meilleure tenue. Ils se sentent alors sur un plan d'égalité avec le vendeur, ce qui facilite l'interaction.

TIREZ PARTI DES BONS VENDEURS

— *Que peut-on demander à un vendeur ?*

La première chose que vous pouvez demander au personnel en boutique, c'est bien évidemment tout ce qui concerne les aspects pratiques, notamment les tailles ou les coloris disponibles. Dans les boutiques (je fais ici la différence avec les chaînes), vous pouvez aussi demander des choses précises. Par exemple : "Je recherche un pantalon en laine un peu brute, avec une coupe droite, est-ce que vous auriez cela ?" Si le vêtement que l'on vous propose alors s'avère trop cher, essayez-le quand même pour votre culture, et dites simplement au vendeur : "Merci, mais cela dépasse assez largement mon budget. Est-ce que c'est possible d'avoir une réduction ?" Vous verrez que souvent, on vous accordera volontiers cette petite faveur, si c'est demandé avec le sourire.

L'apport des bons vendeurs ne s'arrête pas là. Une fois que votre sens du style sera suffisamment aiguisé, et que vous leur ferez un peu confiance, vous pourrez leur demander des détails techniques, et surtout leurs opinions et leurs goûts. Par exemple…

- En quoi est-ce fabriqué ? Qu'est-ce que c'est comme coupe ?
- Comment entretenir ce vêtement ? Est-ce qu'il ne se déforme pas trop avec le temps ?
- Qu'est-ce que vous avez de ressemblant ?
- Comment porteriez-vous ça ?
- Est-ce que cette pièce me va vraiment ? Je me demande si d'autres coupes ne seraient pas plus adaptées…

— *Et c'est tout ?*

NON ! Il y a quelque chose d'encore plus utile (et sympathique) : développer une relation amicale avec les vendeurs des boutiques que vous fréquentez le plus.

De manière plutôt logique, plus les boutiques sont petites et qualitatives, plus les vendeurs connaissent leur métier et savent prodiguer de bons conseils. Une fois que vous aurez identifié des vendeurs de qualité dans des boutiques qui vous plaisent, essayez de développer des relations amicales. Soyez naturel, posez simplement des questions plus personnelles, comme les vêtements qu'ils préfèrent, les boutiques du voisinage qu'ils peuvent conseiller, ou depuis combien de temps ils travaillent ici et quel type de clients fréquente le point de vente.

Si vous appréciez les vêtements, le design de la boutique ou les conseils que l'on vous a donnés, faites-le savoir, et si possible précisez les raisons. Les vendeurs aussi aiment que l'on valorise leur travail quand c'est mérité.

Inutile d'être un inconditionnel de l'endroit pour développer une bonne relation. Si la discussion est intéressante, on se souviendra de vous, même si vous ne passez que trois ou quatre fois par an. Même si c'est juste pour dire bonjour.

Si le produit et le conseil sont de qualité, faites-en profiter vos amis en les emmenant à la boutique quand ils ont besoin de quelque chose. Présentez-les au vendeur. Nous sommes certains qu'après quelques nouveaux clients, vous aurez le droit sans même avoir à le demander à une belle réduction automatique de 10 ou 15 % en caisse.

PARTEZ DU PRINCIPE QU'UN VENDEUR DOIT GAGNER VOTRE CONFIANCE, MAIS NE LE PRENEZ PAS POUR AUTANT POUR UN ARRACHEUR DE DENTS… SAUF RAISON VALABLE.

— *Développer un relationnel, c'est sympa, mais cela sert à quoi ?*

L'intérêt de bien s'entendre avec les bons vendeurs est double. Tout d'abord, ces gens travaillent dans les vêtements au quotidien et, à ce titre, savent raisonnablement de quoi ils parlent. Ils ont plein de choses à vous apprendre.

Enfin, comme nous l'avons déjà vu, c'est aussi un moyen efficace pour se faire inviter aux défilés, aux ventes privées (voire aux ventes presse si vous en faites la demande) et à tout un tas d'événements intéressants.

Vous pourrez aussi demander que l'on mette une pièce de côté quelques jours avant les soldes pour être sûr de ne pas la manquer, apprendre quelles pièces seront soldées et à combien. Dans le cas des boutiques qui font des déstockages, il est également intéressant de savoir quand arrivent les prochaines marchandises pour pouvoir acheter les toutes meilleures pièces avant qu'elles ne disparaissent, souvent bien trop rapidement.

Vous serez à l'aise avec les vendeurs plus rapidement que vous ne le pensez. Vous vous en rendrez compte quand vous accueillerez leurs bons conseils avec sérénité, que vous écouterez avec attention ce qu'ils ont à dire, et que vous serez capable de rebondir sur leurs suggestions. À ce moment-là, vous n'aurez plus de gêne à décliner une offre, ou à éconduire un vendeur inopportun.

TOUT D'ABORD, NOUS TENONS À DIRE QUE LES VENDEURS NE SONT PAS VOS ENNEMIS.

Les boutiques haut de gamme misent sur la qualité de la relation-client : le rôle des vendeurs est de répondre à vos questions et éventuellement vous conseiller, mais absolument pas de vous faire acheter quelque chose à chaque visite.

ENTRETIEN

CLARENT DEHLOUZ, FRENCHTROTTERS

Peux-tu te présenter ?
Je suis Clarent Dehlouz. Je suis fondateur, avec ma femme Carole, de la boutique multimarques FrenchTrotters depuis 2005 ainsi que de la marque propre FrenchTrotters depuis 2010.

Comment en es-tu venu à travailler dans la mode ?
À force de voyager. Nous avons découvert beaucoup de produits dans les boutiques de New York, Tokyo, Londres, que nous voulions proposer sur le marché français tout en ajoutant un univers esthétique qui nous correspondait.

Quelle est ta clientèle ?
C'est assez large. Nous recevons aussi bien de la clientèle parisienne qu'étrangère. Les marques que nous proposons sont très éclectiques, correspondent à beaucoup de styles. Nos clients sont très curieux. Ils souhaitent s'orienter vers des produits de qualité.

L'attitude des hommes a-t-elle changé ces dernières années ?
Depuis ces dix dernières années, la mode homme a beaucoup changé. La manière de consommer également : l'homme est beaucoup plus éduqué et attentif dans son acte d'achat, il s'attarde sur les matières, la coupe, la fabrication. On n'achète plus de manière superficielle, on s'intéresse à l'histoire du produit, tout cela va de pair avec ce retour à la mode dite "héritage" ainsi qu'à la notion d'intemporalité et au goût des bons produits.

Est-ce que tu anticipes les tendances ?
Il faut trouver un bon équilibre, il serait ridicule de dire que nous nous développons dans notre coin, sans nous soucier des tendances, il y a beaucoup de bonnes choses à en tirer. Mais a contrario, il ne faut pas se laisser porter par ces mouvements. Créer sa propre ligne de conduite, c'est primordial.

La mode "made in France" a-t-elle un sens pour toi ?
Nos premiers vêtements, nous les avons créés à Paris pour des raisons pratiques. Il est primordial de suivre de près la production du vêtement. En soi, le made in France ne veut pas dire grand-chose. Vouloir tout fabriquer en France n'a pas vraiment de sens. Par contre, fabriquer des pulls en Bretagne parce qu'il y a un vrai savoir-faire sur la maille, de même pour les jeans et chemises à Paris grâce aux ateliers spécialisés, cela a du sens. Le savoir-faire s'étend sur le monde ; nous aimons, par exemple, créer nos propres tissus, nos propres teintures en Inde, car cet artisanat est vraiment spécifique à ce pays.

Combien de temps cela prend-il de monter et distribuer sa marque ?
Cela a pris cinq ans pour que notre marque voie le jour. Nous ne sortons pas d'une école de mode, donc nous avons appris sur le tas. Il est important de se lancer en ayant une véritable expertise en tant que créateurs. On ne fonde pas une marque sans connaître les usines, les bons partenaires pour la fabrication, sans avoir les bons sourcings de matières, etc. Ces connaissances nous ont permis de créer des produits cohérents.

Quelles sont les principales étapes ?
Nous concernant, nos inspirations sont venues des marques que nous vendons en boutique. Puis c'est la partie technique qui est très importante. Pour la fabrication d'une chemise par exemple, il y a une énorme recherche pour développer le bon patronage, faire des tests, puis choisir de bonnes matières qui vieillissent bien au fil des lavages. Nos chemises sont assemblées artisanalement dans un petit atelier parisien avec les meilleurs tissus japonais et italiens.

Pour accéder à la vidéo : bngl.fr/clarent

Clarent Dehlouz et sa femme Carole ont fondé FrenchTrotters en 2005, en important de l'étranger les produits qu'ils aimaient.

ON S'INTÉRESSE À L'HISTOIRE DU PRODUIT, TOUT CELA VA DE PAIR AVEC CE RETOUR À LA MODE DITE "HÉRITAGE" AINSI QU'À LA NOTION D'INTEMPORALITÉ ET AU GOÛT DES BONS PRODUITS.

FrenchTrotters lance de nombreuses collaborations avec les labels qu'elle distribue : ici Buttero, mais aussi la ligne premium de la marque Le Coq Sportif, ou encore le lunettier italien Super.

ENTRETIEN

HUGO JACOMET, PARISIAN GENTLEMAN

Peux-tu te présenter ?
Je m'appelle Hugo, je viens d'avoir 50 ans. Étant passionné d'art tailleur, j'ai fondé Parisian Gentleman en janvier 2009. Je suis né dans ce milieu, car mon grand-père était bottier et ma mère couturière. Mon but est de travailler à l'éducation des hommes sur l'élégance et les vêtements de tradition.

Pourquoi as-tu choisi une approche éducative ?
Je pense que c'est le fondement de notre succès. Quand je lisais les magazines qui parlent du sujet, je me suis aperçu très vite que j'arrivais à une limite. Ces magazines ont un *business model* lié à la publicité. Ils n'ont pas la liberté d'expression nécessaire pour parler du vêtement comme il se doit. J'ai décidé d'écrire et de partager mon avis et mon savoir sur le sujet. J'ai appris très vite que les gens demandaient justement cela, de l'éducation. Un vêtement raconte une histoire, communique une personnalité, un milieu social, une posture et cela passionne toute une nouvelle génération.

Quel est selon toi l'état de la presse et des blogs sur le sujet ?
Les lecteurs viennent trouver chez nous une transparence de discours qu'ils ne peuvent trouver dans la presse écrite. Et c'est paradoxal, car lorsque l'on parle d'Internet, et surtout de blog, le mot crédibilité ne vient pas de suite. À titre d'exemple, les petites maisons viennent vers nous, mais les grandes restent frileuses parce que la blogosphère leur fait peur. Retenez cela : ce qui est important, ce n'est pas le support, mais le contenu.

Cela améliore-t-il l'achat des hommes ?
Indéniablement. Il y a des signes qui ne trompent pas. Le marché de l'accessoire masculin progresse beaucoup depuis trois ans : la pochette, la cravate et même les bijoux de cravates reviennent en force. On en voit fleurir de plus en plus dans la rue. On n'a jamais vécu cela. Si Berluti fait du vêtement, si LVMH rachète Loro Piana pour deux milliards d'euros, c'est bien parce qu'il y a un marché énorme.

Il y a donc bien un regain d'intérêt des hommes pour le vêtement ?
Oui et il est très net. Il faut comprendre ce que l'on dit dans "regain", parce que l'on sort de trois décennies catastrophiques. Je pense que l'on est dans un cycle. Le style masculin était encore présent dans les années 1960. Internet a créé une vraie alternative, grâce à lui, on a eu accès aux conseils, aux avis. Il y a une révolution en cours, les choses bougent.

Quels conseils donnerais-tu à un débutant ?
Le clivage par l'argent est un faux problème. N'importe quel homme, jeune ou âgé, intéressé par le sujet, via les blogs, ventes privées et tout le contenu Internet, peut s'habiller de manière confortable, sophistiquée, sans avoir à beaucoup débourser. Il ne faut plus accepter le dictat d'un mec qui a pensé pour nous ce que nous allions porter et qui l'a lourdement promu. Nous pouvons avoir la main là-dessus. Mais cela demande d'être éduqué.

Que penses-tu de l'offre du prêt-à-porter actuel ?
On monte en gamme. L'homme qui vient en boutique aujourd'hui n'est plus le même. Les vendeurs sont parfois complètement perdus face aux lecteurs de blogs, de forums. On les pousse vers de la production de qualité, car les blogs sont capables de faire ou défaire une notoriété. L'offre n'a jamais été aussi intéressante pour celui qui sait faire le tri.

Quel est selon toi le budget minimum pour un costume ?
Selon moi, la base, c'est le costume semi-entoilé, qui respire ; en deçà, il y a un impact sur le style. Bien sûr, en période de solde et avec de la chance, pour 400 €, vous pouvez avoir, par exemple, un beau costume Timothy Everest à Londres. Mais la tranche 600 à 800 € reste celle dans laquelle on peut commencer à parler de qualité et de durabilité.

Hugo Jacomet a fondé le blog Parisian Gentleman en 2009. Traduit en sept langues, le site est aujourd'hui une des références mondiales de la culture sartoriale.

Un costume croisé sur-mesure est la quintessence de l'élégance. Il muscle le buste tout en suivant les courbes naturelles du porteur.

Quand vous portez un costume et des souliers très sobres, n'hésitez pas à jouer sur de petites touches de couleur, comme les chaussettes colorées ou encore une pochette dans la poche poitrine du costume.

Que conseillerais-tu à un homme de 50 ans?
Tout dépend de l'intérêt que l'on porte au sujet. Un homme qui est élégant doit prendre le temps de se faire une garde-robe, de forger son propre style. Il ne faut jamais faire de compromis sur la ligne. Il vaut mieux avoir un tissu moins classe et privilégier la coupe. Faites confiance à votre œil, et non au vendeur. Allez-y doucement, achetez une ou deux pièces de qualité qui vous plaisent et contruisez autour.

Peut-on être trop habillé, trop parfait?
Quand un mouvement se crée, il y a toujours des extrémistes. L'être humain est acceptable et intéressant tant qu'il ne devient pas la caricature de lui-même. Alors oui, il existe des hommes trop habillés. Encore une fois, la réponse à cela, c'est l'éducation.

Et toi, t'arrive-t-il d'être vêtu très simplement?
Je ne suis pas pris par des contraintes vestimentaires. Je suis fan des vestes sport, et je porte parfois même des tee-shirts. Mais c'est rare : quatre fois en deux ans !

Pour accéder à la vidéo : bngl.fr/hugo

LES ESSENTIELS DE LA GARDE-ROBE

LE JEAN : LE BASIQUE À MAÎTRISER ABSOLUMENT

Un bon jean brut est le vêtement le plus important de la garde-robe moderne, et aussi l'élément le plus polyvalent.

Les jeans bruts peuvent être portés avec quasiment n'importe quoi, sans prendre de risque, ce qui en fait le meilleur ami du débutant en style.

Cependant, aussi facile à porter qu'est le jean, il peut autant améliorer votre tenue que la réduire en cendres s'il est mal choisi.

JEAN BRUT OU JEAN DÉLAVÉ?

Même si les choses évoluent, beaucoup de débutants pensent encore que les jeans bruts manquent de caractère comparés aux jeans artificiellement délavés (D&G, Diesel, Energie ou encore Replay proposent majoritairement ce type de jeans). Et c'est ainsi qu'ils paient 50 € en plus pour une toile fragilisée et un délavage artificiel qui peine à tenir tête à ceux que vous obtenez après quelques mois de port de toiles brutes. En effet, c'est une bonne vieille toile brute qui vous donnera le meilleur délavage. Que vous aimiez l'effet délavé ou non, c'est par là que vous devrez commencer.

Un jean avec des délavages artificiels (javel, teintures, abrasion) perdra ses contrastes au fil des lavages. En outre, un délavage naturel viendra interférer avec le premier, accentuant l'origine artificielle des effets d'usure. Enfin, sachez que la toile a été fragilisée pour en arriver là (pierres ponces, sablage, papier de verre) et que le jean a déjà perdu la moitié de sa durée de vie au moment où vous l'achetez (autour d'un an de vie, contre jusqu'à quatre ans pour une toile brute japonaise).

A contrario, une belle toile brute vieillira mieux. Plus qu'une somme de marques d'usure, c'est une véritable patine qui se déposera sur votre jean, reflet de votre mode de vie. Des zones plus claires apparaîtront aux endroits où le jean frotte, comme le haut des cuisses (on appelle ces marques des "moustaches"), derrière les genoux (les "fish nets", ou "filets de pêche") ou au niveau des poches si vous avez l'habitude d'y mettre vos clés ou votre téléphone. Au-delà de la couleur, c'est aussi la coupe qui évoluera pour s'adapter à votre morphologie et mettre en valeur votre silhouette.

Ce genre de beau jean délavé n'est pas aisé à trouver. Armez-vous de patience avant de dénicher le jean délavé ultime, ou mieux : faites vieillir vos jeans bruts.

Vous l'aurez compris, le jean brut s'impose de lui-même. La seule exception est celle des modèles haut de gamme de couturiers qui présentent des délavages complexes très beaux, mais extrêmement coûteux. Si vous ne voulez pas attendre que votre brut vieillisse, essayez au moins de choisir un délavage à l'aspect naturel : signes d'usure plausible, délavages pas trop contrastés.

LE FLÉAU DES JEANS TROP GRANDS

Il est probable que vous ayez l'habitude d'acheter vos jeans trop grands. Pour être sûr de ne pas courir ce risque une fois de plus, vérifiez simplement ces deux points au moment de l'essayage.

Votre jean est trop grand si :

- Lorsque vous le portez sans ceinture, il tombe, ou vous pouvez l'enfiler sans défaire le bouton du haut.

- Quand vous le portez avec une ceinture, des plis en diagonale très marqués apparaissent allant du bas de la braguette aux passants de ceinture de chaque côté du bouton du haut, formant une sorte de V.

Si vous faites passer ce test à vos anciens jeans, ne soyez pas trop critique. En effet, un secret échappe à de nombreux hommes : la toile de jean se détend au fur et à mesure. Ainsi, si vous avez acheté votre jean favori un peu trop grand, il y a fort à parier qu'il est aujourd'hui encore plus large.

Comment s'y prendre pour acheter à la bonne taille ? Vous l'auriez deviné, il faut acheter le jean légèrement serré. Au fil des ports, la toile de jean épousera votre morphologie. Votre jean prendra environ une taille en quelques semaines, et sera ainsi parfaitement adapté à votre morphologie.

Mais ne confondez pas un jean serré au moment de l'achat et un jean trop petit. Avant de passer en revue les points à vérifier, comprenez bien ceci : si vous n'arrivez pas à respirer ou à marcher une fois tous les boutons fermés, demandez la taille au-dessus.

Fermez le dernier bouton au moment de l'essayage doit provoquer un léger inconfort, mais rien d'insoutenable ou d'insupportable. Soyez rassuré : si le jean est trop petit, vous le sentirez tout de suite au niveau de votre ventre. Mais faites tout de même l'effort d'acheter serré !

IL Y A UN SECRET QUI ÉCHAPPE À DE NOMBREUX HOMMES : LA TOILE DE JEAN SE DÉTEND AU FUR ET À MESURE.

UN JEAN À LA BONNE TAILLE

La rigidité de la toile de jean doit aplatir vos fesses. Ne vous inquiétez pas, c'est ici que votre jean se détendra le plus facilement. En s'adaptant à votre morphologie, il épousera parfaitement votre galbe sans vous féminiser.

Il est difficile de mettre vos mains dans vos poches pour y récupérer une pièce de monnaie.

Vos jambes, et notamment vos cuisses, sont bien dessinées mais pas moulées (attention, si vos cuisses sont trop moulées, c'est peut-être juste la coupe qui n'est pas faite pour vous, et pas forcément une question de taille).

Vous avez du mal à pincer la toile au niveau des cuisses et vous pouvez ressentir de l'inconfort derrière les genoux si vous pliez les jambes.

COMMENT CHOISIR LA BONNE COUPE ?

Allons droit au but, la coupe qui vous conviendra le mieux est très probablement la coupe semi-slim, aussi appelée coupe straight chez certaines marques.

— *La coupe droite*

La coupe droite est celle de l'emblématique Levi's 501. Contrairement aux idées reçues, ce n'est pas la plus passe-partout. Elle convient surtout aux physiques forts et bien bâtis, ou à ceux qui ont les cuisses très musclées (les cavaliers notamment, comme les cow-boys des pubs Levi's). Mais ce jean à la taille très haute et aux cuisses larges est souvent bien peu flatteur pour votre silhouette si vous avez un physique standard.

— *Les coupes slim et skinny*

Nous vous déconseillons également la coupe skinny ou la coupe slim. Car elles disproportionnent la silhouette et donnent l'impression que vous portez un jean trop petit, sans compter leur côté très connoté ado. Si vous êtes vraiment fin et menu, elles peuvent toutefois présenter un intérêt.

— *Les autres coupes : bootcut, baggy*

Ce sont des coupes qui connaissent parfois un retour dans la tendance, mais qui se démodent vite le reste du temps. Étant donnés leurs volumes particuliers, elles s'avèrent difficiles à porter harmonieusement pour quelqu'un qui débute. C'est pour cela que nous vous les déconseillons aussi.

— *La coupe semi-slim*

Les cuisses sont ajustées, mais le bas de la jambe garde une ouverture décente (largeur du jean posé à plat entre 19 et 21 cm). Nous y viendrons dans un instant, car c'est ce détail qui fait toute la différence.

On reconnaît un jean semi-slim à sa coupe ajustée : elle épouse le fuselage naturel de la jambe en se rétrécissant au fur et à mesure que l'on approche des pieds (là où la coupe droite est trop ample aux mollets, et la coupe slim trop resserrée sur la cuisse).

Nombreux sont les lecteurs réticents à acheter du semi-slim. Mais commencez par essayer, et le résultat parlera de lui-même. N'oubliez pas qu'un bon style passe avant tout par des coupes précises. Alors essayez et comparez, c'est ainsi que vous apprendrez à repérer les coupes les plus adaptées à votre morphologie.

ASTUCE

Pour savoir si la coupe est ajustée, repliez les vingt derniers centimètres du pantalon posé à plat sur le mollet. Vous remarquerez un écart de largeur entre le mollet et le bout du jean.

3 AVANTAGES DU SEMI-SLIM

— *À prendre en compte*

1. Ajustée, cette coupe affine votre silhouette sans vous faire des jambes en forme d'allumettes.

2. Elle met vos fesses en valeur sans les mouler.

3. Elle convient à un grand nombre de morphologies. Si vous êtes mince, un jean semi-slim vous mettra admirablement bien en valeur, sans vous noyer et sans vous amincir. Si vous êtes de petite taille, il va allonger votre silhouette, et enfin, si vous êtes un peu costaud, il vous affinera.

Une coupe semi-slim est très facile à porter et affine la silhouette sans excès.

ATTENTION

La coupe semi-slim est parfois appelée coupe "straight". Et les termes "carrot" et "coupe droite ajustée" désignent des coupes jumelles du semi-slim, qui sont tout aussi adaptées. Méfiez-vous quand même des différentes appellations, car elles peuvent indiquer des coupes différentes selon les marques. Il faut essayer pour être sûr.

— *Ouverture de jambe et chaussures*

L'ouverture de la jambe (largeur du bas de la jambe du jean, posé à plat) est déterminante pour les chaussures que vous allez vouloir porter.

Quand le jean a une ouverture de jambe comprise entre 20 et 21 cm (à cette échelle, un centimètre de plus change tout), il a l'avantage de permettre le port de chaussures assez élancées (une paire de Richelieu par exemple, ou encore des bottines) ou plus massives.

Avec une ouverture de 19 cm ou moins, les pieds paraissent trop longs ou trop massifs par rapport au reste de la silhouette : c'est l'effet "chaussures de clown". Il faut donc porter des chaussures plus fines à mesure que l'ouverture se rétrécit.

Un jean semi-slim se pose comme il faut sur des chaussures montantes et fait une belle ligne de jambe, même retroussé.

LA QUALITÉ DE LA TOILE

C'est un point à ne pas négliger au moment de l'achat. Son importance est cruciale pour la longévité de votre jean, et une belle toile permettra également un plus beau délavage. Autant le dire tout de suite : le prix du jean n'est en aucun cas un gage de sa qualité.

Vous trouverez dans le haut de gamme de belles toiles japonaises robustes, tout comme des toiles médiocres très fines et peu solides selon les marques (souvent encore fragilisées par des délavages de piètre qualité).

En milieu de gamme, vous allez également pouvoir trouver des perles, mais sachez qu'en entrée de gamme, les toiles sont invariablement de mauvaise qualité.

Vous l'aurez compris : pour juger de la qualité de la toile d'un jean, vous allez devoir ne faire confiance qu'à vos sens et votre propre jugement.

— *La toile d'un jean brut*

La toile d'un jean brut n'a pas été traitée. Elle se présente à vous prête à vous révéler tous ses secrets (sur une toile déjà délavée, c'est plus difficile de jauger la qualité). Voilà ce que vous devez regarder :

• La régularité de la toile
Regardez la toile de près. L'alternance de fils bleus et blancs est-elle bien régulière ? Pouvez-vous repérer des points blancs plus gros que d'autres ? Ce serait un mauvais signe. Maintenant retournez le jean, et observez la régularité des fils : ils doivent être relativement homogènes (les fils les plus épais délavent plus rapidement et forment des striures verticales disgracieuses sur les jambes).

• La qualité de la confection
Le jean doit présenter des coutures épaisses, solides et régulières. Des renforts de fils devraient être présents sur les passants, les poches et les cuisses pour solidifier encore le montage (on appelle cela des "points d'arrêt"). N'hésitez pas à tirer un peu les passants : leur finition est un bon indicateur du soin global apporté à la confection.

• La profondeur de la couleur
Une belle toile prend bien la lumière et révèle des nuances de couleur lorsque vous la regardez sous un angle différent. Elle peut revêtir des reflets turquoise ou indigo, accentués encore quand la toile délave.

— *La toile d'un jean délavé*

C'est un peu plus compliqué de valider la qualité d'un jean délavé, mais rassurez-vous, ce n'est pas bien sorcier.

La première chose à examiner, c'est l'intérieur des poches arrière. C'est le seul endroit où votre jean n'a pas subi de délavage, donc vous pouvez juger de la qualité de la même manière que pour la toile brute.

La qualité du délavage se juge à sa subtilité. Le délavage doit être aussi discret et naturel que possible. Beaucoup de jeans délavés sont dessinés avec l'opposé en tête et le résultat donne une impression très bas de gamme. Si vous pouvez facilement repérer les coups de pinceau à l'eau de Javel, laissez tomber.

À l'inverse, un beau délavage est le fruit d'un travail appliqué et fastidieux. C'est pourquoi un beau jean délavé coûte toujours plus cher que son équivalent laissé brut. Même si ce n'est pas abordable pour vous, vous apprendrez pas mal de choses en allant examiner les délavages de marques comme RRL (ligne très haut de gamme de Ralph Lauren) ou Kuro qui fabrique peut-être les plus beaux jeans délavés que nous ayons pu voir (mais malheureusement introuvables en France). À noter qu'en milieu de gamme, la petite marque Kuyichi tire son épingle du jeu en jean délavé, mais elle est assez difficile à trouver en France.

La meilleure solution reste toutefois d'acheter un beau jean brut et de parfaire un délavage naturel et tout à fait personnel avec le temps.

ASTUCE

N'hésitez pas à comparer de nombreuses marques de jeans en boutique pour vous rendre compte de leurs spécificités. Avoir l'œil en matière de qualité exige un peu d'entraînement, mais cela vient très rapidement.

POURQUOI AVEZ-VOUS BESOIN DE JEANS STANDARD?

Pour aller au cinéma ou faire vos courses, inutile de sortir votre jean de designer, vous en conviendrez. D'autant que toutes ces utilisations sont autant de petites agressions qui font que votre jean se rapproche lentement de sa fin de vie.

C'est pourquoi il est important d'avoir un ou deux jeans pour le quotidien : bien coupés et pas trop chers. Inutile donc de dépasser la centaine d'euros.

POURQUOI DEVRIEZ-VOUS AUSSI ACHETER UN JEAN PREMIUM?

Tout le monde devrait avoir au moins un jean premium pour les occasions importantes. C'est un peu la déclinaison casual d'un costume en termes d'usage.

Trouver un superbe jean dans le prêt-à-porter mainstream est possible, mais c'est également pénible et fastidieux, pour un résultat qui ne sera jamais incroyable.

Avoir un jean premium, c'est avoir une coupe parfaite, une belle matière et, au final, un vêtement incroyablement utile dans votre garde-robe. C'est aussi un moyen de ressentir au quotidien ce qu'est vraiment la qualité vers laquelle il faut tendre. De cette manière, le jour où vous passerez à côté d'une belle pièce pour pas très cher, vous serez capable de savoir s'il faut l'acheter ou non au premier coup d'œil.

Après avoir goûté au plaisir d'avoir un jean dont vous êtes fier et sur lequel vous recevez des compliments, il y a de fortes chances pour que vous ne puissiez plus vous en passer.

C'EST AUSSI LA COUPE QUI ÉVOLUERA POUR S'ADAPTER À VOTRE MORPHOLOGIE ET METTRE EN VALEUR VOTRE SILHOUETTE.

SUGGESTIONS

De bons jeans pour le quotidien

— Un Balibaris, coupe droite ou semi-slim (95 €)

— Un The Unbranded Brand, semi-slim, indigo brut (95 €)

— Un Uniqlo "Slim Fit Straight" en selvedge brut, bleu (c'est en fait un semi-slim, 50 €)

— Un Naked & Famous semi-slim en toile grise selvedge (149 €)

— Un Nudie "Slim Jim", en toile enduite noire (110 €)

Un jean brut porté intensivement prend un délavage magnifique et complètement personnalisé.

SUGGESTIONS

Des jeans premium

- Un Renhsen brut à coupe droite en selvedge (240 €)
- Un Acne Max Ra semi-slim (190 €)
- Un Rick Owens (DRKSHDW) pour son délavage parfait (220 €)
- Un jean FrenchTrotters (190 €)

Cette fois encore, voici des pistes que nous vous conseillons. Les prix indiqués sont ceux que l'on trouve en boutique, et non ceux que vous paierez si vous suivez nos conseils. Vous devriez vous en tirer au tiers ou à la moitié des prix si vous êtes patient.

Les plus curieux pourront découvrir des marques ultra pointues sur l'e-shop canadien Tate + Yoko, qui propose une sélection unique au monde.

Une belle toile prend la lumière de manière unique, avec de très légers reflets. Observez toutes ces nuances de couleurs magnifiques à la lumière du jour.

GUIDE D'ACHAT DU JEAN

FIT ET COUPE

1. LES BOUTONS SUPÉRIEURS DOIVENT ÊTRE LÉGÈREMENT COMPLIQUÉS À FERMER, ET LE FOND DES POCHES UN PEU DIFFICILE À ATTEINDRE.
2. LES FESSES SONT MAINTENUES ET UN PEU APLATIES PAR LE JEAN À L'ESSAYAGE.
3. LE JEAN VOUS ARRIVE À LA HANCHE, JUSTE SOUS L'OS. ON PEUT PASSER ENVIRON DEUX DOIGTS ENTRE LE JEAN ET LA HANCHE.
4. IL N'Y A PAS TROP DE TOILE AU NIVEAU DES CUISSES OU DE L'ENTREJAMBE.
5. LES CUISSES SONT BIEN FITTÉES.

QUALITÉ DE LA TOILE

6. UN TISSU ET DES COUTURES RÉGULIÈRES.
7. UNE COULEUR PROFONDE, QUI PREND BIEN LA LUMIÈRE.

Remarquez le liseré selvedge, ici de couleur bleue et le fameux ourlet en point de chaînette qui présente un relief très caractéristique. Ce sont des détails spécifiques aux jeans haut de gamme.

Un look entièrement en jean est possible, mais assurez-vous d'avoir des matières et des couleurs bien différentes. Les accessoires joliment vieillis et patinés donnent une touche d'authenticité et de virilité à cette tenue.

LE PANTALON : DE LA VARIÉTÉ LÀ OÙ ON NE L'ATTEND PAS

Il n'y a pas que les jeans dans la vie. Explorons quelques alternatives.

CHINOS ET KAKIS

Les chinos et les kakis opèrent depuis quelques années un retour en force. C'est une bonne chose, puisqu'ils s'intègrent facilement à l'habillement de tous les jours. Vous pouvez les porter avec des chemises de bûcheron, des hauts fittés pour contraster avec leur aspect un peu "loose" (large), roulés au-dessus des chaussures, ou rentrés dans des rangers ou des workboots.

Pour information, les kakis sont les pantalons de couleur initialement… kaki que portaient certains militaires avant la généralisation des camouflages (repassez-vous *Band of Brothers* ou *Il faut sauver le soldat Ryan*, et vous comprendrez).

Les chinos ont eux aussi une origine militaire, mais sont coupés d'une manière plus formelle que les kakis, et leur toile est généralement plus fine. Leurs principaux fans sont ceux qui s'habillent preppy, le look classique des étudiants américains.

Pour trouver ce genre de pantalons, le choix est large. Uniqlo (40€) et GAP (40€) proposent des chinos et des kakis qui font l'affaire. La qualité ira quant à elle se chercher du côté de Farah, Homecore (130€) et Ben Sherman (80€), ou plus haut de gamme chez Our Legacy (130€) ou Bleu de Paname (130€).

NE CONFONDEZ PAS LE CHINO AVEC LES PANTALONS CARGO QU'AFFECTIONNENT LES SKATERS, ET PRENEZ-LE SUFFISAMMENT AJUSTÉ.

À RETENIR

MATIÈRES

Évitez les matières synthétiques et ne prenez que du coton. Les chinos sont initialement des vêtements militaires ou de travail, ils ne doivent pas être brillants.

COUPE

Vérifiez la coupe au niveau des fesses, qui doivent être très légèrement maintenues. S'il y a trop de tissu, alors le pantalon est trop grand. Le chino est un pantalon droit, voire légèrement resserré. Ne le confondez pas avec les pantalons cargo qu'affectionnent les skaters, et prenez-le suffisamment ajusté.

LONGUEUR

Vous pouvez faire un revers ou le roulotter pour adapter le pantalon à la longueur désirée.

En plus d'être léger et confortable, un pantalon en coton permet d'ajouter plus de couleur qu'un simple jean bleu. N'hésitez pas à le retrousser un peu en cas de forte chaleur pour plus de confort.

Parmi les pièces les plus sous-estimées d'une garde-robe masculine, le chino coloré arrive en tête ! Comme d'habitude, on calmera sa couleur en l'encadrant avec des pièces plutôt sobres.

PANTALONS EN LAINE

Plus hivernal, et plus formel aussi, le pantalon en laine. On le complète avec une veste pour porter le costume, mais il peut aussi être conçu dans des laines plus brutes et rugueuses, comme le twill de laine.

C'est assez difficile de le combiner avec des vêtements informels, mais si vous y arrivez, le contraste est intéressant. C'est notamment possible en le portant avec des sneakers sobres ou un tee-shirt loose. Les marques offrant des pantalons en laine intéressants sont finalement peu nombreuses. Parmi celles que nous avons repérées, on trouve Marc Jacobs (120 €), Paul & Joe (100 €) et surtout COS (89 €). On peut en apercevoir aussi chez Melinda Gloss (145 €).

LE COSTUME : ARRÊTEZ DE LE SUBIR

Dans toute garde-robe masculine, le costume occupe une place à part, en dehors des cycles de la mode. Il est un vêtement certes formel, mais offrant une magnifique base de déclinaisons pour peu que l'on en comprenne les grands principes.

Plus qu'un vêtement que vous mettez pour éviter de vous faire gronder par votre patron, il est un habit qui magnifiera votre silhouette… ou vous fera passer pour un sac. Au choix. Notre but ici est de vous aider à rester dans le premier cas de figure !

LA VESTE

La veste d'un costume est une pièce complexe et en décortiquer l'anatomie point par point dépasserait le cadre de cet ouvrage. Plutôt qu'un long discours technique et rébarbatif, nous allons nous concentrer sur les points importants qui vous permettront de savoir rapidement si une veste est de bonne facture et si elle vous va.

— *La longueur*

Point souvent négligé, mais essentiel dans le choix d'un costume : la longueur de la veste. On pourrait arguer ici que plus une veste est longue, plus elle affinera votre silhouette. Ce n'est pas complètement faux, mais gardons à l'esprit que plus une veste est longue, plus elle raccourcira vos jambes. En d'autres termes, si vous êtes petit et enrobé, ce n'est pas une raison pour forcer sur la longueur, au risque de paraître avoir des jambes de 20 cm.

La bonne longueur, c'est en général une veste qui se termine au niveau de votre paume quand vous laissez tomber vos bras. Et jamais plus bas que les fesses à l'arrière.

Si vous êtes grand et mince, n'hésitez pas à la faire raccourcir : une veste un peu plus courte permettra de tasser légèrement votre silhouette et donc d'atténuer l'effet "maigre" au profit de votre buste.

— *Le cintrage*

Qu'est-ce que le cintrage ? C'est la façon dont les flancs (et le dos) de la veste vont épouser la courbe naturelle de votre torse. Beaucoup trop d'hommes portent des vestes trop amples d'où un effet "parachute" disgracieux. Ils oublient surtout qu'un costume n'est pas fait pour camoufler leur silhouette, mais au contraire pour la magnifier.

Dans ce contexte, il est important de toujours faire attention au cintrage de votre veste. Quand vous vous regardez de face, les côtés de la veste doivent faire une jolie courbe dont le point d'inflexion se situe très légèrement au-dessus des hanches, mais sans pour autant créer de plis de cassage.

Les plis trop prononcés apparaissent quand la veste est trop cintrée, auquel cas le point d'inflexion n'est plus une courbe, mais un gros pli : à proscrire. De même, quand vous vous regardez de profil, le dos de la veste doit suivre la cambrure de votre dos sans repiquer au niveau de vos fesses.

NOTE

Il existe en ce moment une tendance bizarre qui consiste à faire sur-cintrer ses costumes : à moins que vous ne vouliez avoir l'air d'une femme à la taille de guêpe, c'est évidemment à proscrire : évitez le trop petit, le trop moulant, restez dans quelque chose qui soit près du corps sans tomber dans l'extrême.

Un costume gris se marie sans aucune difficulté avec une chemise bleue. Afin de donner plus de force à la tenue, on a choisi ici un tissu gris avec un léger motif, une veste assez courte et très bien coupée, une pochette qui donne une touche d'élégance supplémentaire et des chaussures parfaitement entretenues.

— *Les épaules*

Sans aucun doute, le point le plus important avec le cintrage dans le choix d'un costume. Veillez à ce que la couture des épaules et leur tombant coïncident avec la cassure de vos épaules. La couture de la manche doit être SUR le tombé de l'épaule et non au-dessus du vide se situant dans son prolongement.

L'erreur classique des hommes achetant un costume est de le choisir trop grand. C'est le fameux : "Il me fera plus longtemps…" À traduire par : "Je ressemblerai à un sac plus longtemps." C'est disgracieux et cela fait petit garçon ayant emprunté le costume de son père.

Sur le padding (la mousse rembourrant l'épaule) ou son absence (épaule naturelle, dite "napolitaine"), nous ne dirons que ceci : à moins d'être bâti comme un athlète, évitez les costumes sans padding. Sur la plupart des hommes, le risque n'en vaut pas la chandelle : silhouette tombante, mal définie. À l'inverse, l'excès de padding, tout à fait caractéristique des costumes bon marché version années 1990, n'est pas la solution. Comme souvent en matière d'élégance, il faut veiller à ce que l'ensemble soit cohérent et discret : un padding léger, pour une épaule subtilement inclinée mais droite, aura le meilleur rendu.

— *L'emmanchure*

Un détail technique, mais qui a son importance. Nous n'allons pas rentrer ici dans le détail du montage de l'épaule d'un costume puisque celui-ci fait encore débat parmi les plus grands tailleurs de la planète. Néanmoins, nous tenons à mentionner le fait que la façon dont est montée la manche exerce une forte influence sur le cintrage du costume. Une emmanchure (c'est-à-dire la largeur du "trou" sur lequel est montée la manche) trop large empiète sur le cintrage en plus de réduire votre liberté de mouvement, et diminue d'autant la capacité d'un tailleur ou retoucheur à faire un beau recintrage. Attention donc quand vous achetez des costumes bas / milieu de gamme : si vous trouvez quelque chose de correct en dessous de 700 €, vérifiez que l'emmanchure n'est pas trop large.

— *Les revers*

Un dernier détail dans notre anatomie de la veste : ses revers. Commençons par sa largeur et ce qu'elle implique. De façon générale, la largeur d'un revers doit être proportionnelle à la largeur de vos épaules. Un revers trop large tassera l'horizontalité de votre silhouette alors qu'un revers trop fin aura l'effet inverse. Un revers devrait occuper entre le tiers et la moitié de la distance entre sa bordure intérieure (celle près de la cravate) et la couture de l'épaule. En dessous ou au-dessus : fuyez ! Du moins tant que vous ne possédez pas le savoir et l'habitude nécessaires pour apprécier si quelque chose de "différent" vous fait passer pour un déluré ou un élégant discret.

- **Détail n° 1 – le cran de revers**

Beaucoup ne font pas attention à ce détail, mais il existe deux types de crans de revers. Le premier, et le plus commun, est le *notch lapel* ou cran droit. C'est celui qui convient professionnellement et dans la plupart des autres occasions. Le deuxième, *peak lapel* ou cran à pointe, se trouvera plus souvent sur les smokings ou vêtements de soirée : à proscrire en environnement professionnel. Seule exception, la veste croisée. Elle est quasiment toujours munie de *peak lapels*, donc pas d'inquiétude à avoir de ce côté.

- **Détail n° 2 – veste ouverte ou fermée ?**

La bienséance veut que la veste soit toujours fermée quand vous êtes debout, et toujours ouverte quand vous êtes assis. De surcroît, garder sa veste fermée quand on est assis tire sur le bouton de devant, ce qui donne un effet disgracieux et risque d'abîmer le vêtement.

LA COUTURE DE LA MANCHE DOIT ÊTRE SUR LE TOMBÉ DE L'ÉPAULE ET NON AU-DESSUS DU VIDE SE SITUANT DANS SON PROLONGEMENT.

Un beau costume trois-pièces avec une belle cravate est le summum de l'élégance. Ne soyez pas intimidé par ce genre de tenue !

Le cintrage d'un costume s'apprécie toujours quand la veste est fermée. Il ne doit y avoir que de très légers plis de tension qui partent du bouton central, la veste restant bien plaquée sur les flancs.

LE PANTALON

Il y a beaucoup à dire sur le pantalon : largeur, longueur, forme… Passons en revue ce qui différencie un pantalon élégant d'un parachute version accordéon.

— *La longueur, le tombé*

Le point numéro un est bien entendu la longueur du pantalon. À ce sujet, beaucoup de préjugés persistent. Pourtant, quand il s'agit d'une tenue formelle, il n'y a qu'une règle en la matière : la jambe doit tomber droite et former un pli, et un seul (dit pli de cassage), au bas du pantalon. Le pantalon vient ensuite se poser délicatement sur la chaussure. Il ne découvre pas la chaussette, ni à l'arrêt ni en marchant.

Pas d'exceptions à cette règle : les pantalons trop courts type "avez-vous vu mes chaussettes ?" sont bons à laisser aux magazines de mode bas de gamme, et les pantalons trop longs type accordéon n'auront pour effet que de raccourcir vos jambes et donc de tasser votre silhouette.

— *L'entrejambe et le fond*

Il s'agit de la partie de derrière et de dessous. Il faut y prêter attention lors de l'achat, car elle nécessite généralement une retouche. Souvent, vous noterez que le pantalon est un peu pendant, un peu lâche à l'entrejambe et sous le fessier. Ce n'est pas un détail anodin : laisser ceci tel quel donnera l'impression aux personnes qui vous regardent que vous flottez dans votre pantalon. Et vous commencez à le comprendre : le principal but est d'éviter d'avoir l'air de flotter dans son costume. Alors faites retoucher au besoin. Mais évitez de trop resserrer, sous peine de voir l'entrejambe de votre pantalon s'user et craquer prématurément.

N'hésitez pas à prendre une belle couleur de pantalon afin de pouvoir le réutiliser sans veste.

LA CRAVATE

La cravate est une pièce essentielle de toute mise formelle. Voici un petit tour d'horizon de ce qui se fait et de ce qui ne se fait pas en la matière.

Avec une veste, une chemise et des lunettes irréprochables, n'hésitez pas à associer une cravate avec une couleur bien affirmée qui va dynamiser l'ensemble.

— *La largeur*

Après la couleur, l'erreur la plus commune en termes de cravate est la largeur. Une cravate doit être ajustée à la largeur de votre buste : 5 cm pour la majorité des hommes, 7 cm pour les plus enrobés d'entre vous. La mode de la cravate slim est très jolie sur les hommes minces, mais à proscrire dans les milieux professionnels les plus stricts. Si vous faites un poids raisonnable, évitez les cravates trop larges (7 cm et plus) et tentez de trouver des 5 cm. Une cravate trop large occupera trop l'espace au niveau de votre buste, donnant l'impression que vous êtes maigrichon.

— *Le nœud*

Pas de consensus à ce niveau-là, idéalement vous porterez toujours un demi-Windsor ou un Windsor complet en milieu professionnel. Les nœuds moins raffinés, type nœuds simples ou à l'italienne, suggèrent une décontraction qui n'a pas lieu d'être au travail. En faisant votre nœud de cravate, veillez toujours à bien bomber celui-ci et à le remonter jusqu'en haut. Tout comme les nœuds simples, les cravates lâches qui ne tiennent pas bien au col de la chemise suggèrent une décontraction malvenue en environnement professionnel.

APRÈS LA COULEUR, L'ERREUR LA PLUS COMMUNE EN TERMES DE CRAVATE EST LA LARGEUR. UNE CRAVATE DOIT ÊTRE AJUSTÉE À LA LARGEUR DE VOTRE BUSTE.

— *La longueur*

Encore un détail source d'hécatombe stylistique. La cravate n'est ni un bavoir ni le prolongement de votre engin. Elle doit s'arrêter au niveau de votre ceinture (un poil plus bas si vous portez un pantalon taille haute/pantalon à bretelles, rare de nos jours). Pas après, pas avant.

Refaites vos nœuds de cravate jusqu'à trouver la bonne longueur, celle où la pointe de votre cravate touche votre ceinture. C'est une habitude à prendre, un peu difficile au début, mais importante. Typiquement, les cravates bavoirs (trop courtes) rappellent les enfants en bas âge, et les cravates trop longues donnent un effet nonchalant qui n'a pas sa place dans le bon goût collectif (juste, pour une fois).

LES COULEURS

En termes de couleurs appropriées pour aller au travail, il n'y a qu'une règle : le costume peut être gris (foncé à très foncé) ou bleu marine. Pas de noir, de marron, de gris clair, de bleu très clair dans les environnements formels où un certain conservatisme vestimentaire règne (conseil, banque, audit).

Maintenant, si vous travaillez dans un milieu plus libéral, type média ou RP, ces règles ne s'appliquent pas forcément. Dans l'immense majorité des cas ceci dit, il vous faudra rester dans ces schémas gris et bleu marine.

Ceci n'est pas aussi ennuyeux que cela pourrait le paraître au premier abord. Outre la vaste palette de déclinaisons possibles d'un gris ou d'un bleu, il est tout à fait autorisé (et conseillé) de jouer sur le rappel (autrement dit : les rayures) de vos costumes. Il n'y a à peu près aucune limite dans ce que vous pouvez vous autoriser en termes de rappel. Apprenez donc à jouer sur ces subtiles déclinaisons au lieu de remplir votre garde-robe de cinq costumes unis bleus et cinq costumes unis gris.

QUELQUES REPÈRES

01

Pour les costumes : toujours gris foncé ou bleu marine dans un environnement professionnel.

02

Pour les chemises : blanc, bleu clair ou rose.

03

Pour les cravates : bleu, gris, vert, rose, rouge ou encore prune.

04

Attention à toujours assortir le même type de motif.

LA SÉLECTION

— *Moins de 600 euros*

Tout en bas de l'échelle, on trouve Zara et Devred (150 €) qui font des costumes correctement coupés. Mais gardez bien en tête que ce sont des costumes réservés à des personnes qui n'ont pas les moyens de mettre plus dans leur costume. Au-dessus, les costumes de chez Ugo Baldini, Danyberd, COS et BrooksBrothers (autour de 250 €) sont également de bons rapports qualité/prix, même si l'on reste dans du bas de gamme.

Si l'on monte encore en gamme, nous aimons beaucoup les costumes Wicket (500 €) qui sont d'une qualité stupéfiante au regard du prix : pans de veste lestés, boutonnières ouvertes, cintrage travaillé, etc.

Enfin, encore au-dessus, et en soldes, les costumes Melinda Gloss valent vraiment le détour.

— *Entre 600 et 1 300 euros*

On commence à tomber dans des fabriques et des coupes très appréciables pour du PAP, et les choix sont (très) vastes. Nos marques coup de cœur :

• Melinda Gloss (Paris) : des costumes bien construits, classiques (750 €).

• Ly Adams (Paris) : une très belle offre, avec des matières uniques (750 €).

• La Comédie Humaine (Paris) : des costumes aux coupes très modernes (vestes courtes et pantalons très fittés) (600 €).

• Richard James à Savile Row (Londres) : simple, efficace, pas hors de prix (moins de 1 000 €). Richard James propose à des tarifs raisonnables des costumes entièrement entoilés et dont les coupes affinées et les matières discrètes mais travaillées sont très appréciables dans un contexte professionnel.

• Ozwald Boateng à Savile Row (Londres) : avec un prix quasiment unique de 1 300 €, Ozwald Boateng propose des coupes parmi les plus viriles du marché, dans des matières souvent très travaillées. On aime évidemment beaucoup, mais attention : tout n'est pas bon dans un contexte professionnel, évitez les costumes présentant des détails trop originaux type bouton sur le revers.

• Husbands propose l'un des meilleurs rapports qualité / prix du marché dans sa gamme pour environ 1400 €, avec une qualité qui serait facilement vendue le double ou le triple ailleurs. C'est le costume intemporel parfait. Un vrai coup de cœur.

• Maison Scavini (Paris), dont Julien, le tailleur, fait preuve d'une pédagogie, d'une humilité et d'une compréhension du besoin rarement vues ailleurs. Comptez environ 1 600 € pour un costume en demi-mesure.

— *2 500 euros et plus*

À ces prix-là, vous êtes dans la grande mesure ou dans les marques très grand luxe.

On peut citer Brioni (très classique), Kiton, Cifonelli, Smalto (plus moderne, et nous adorons leur cran de revers typique de la maison) et Tom Ford (99 % des modèles sont importables au bureau). Si vous avez ce genre de budget, faites un tour chez Henry Poole à Londres (qui, contrairement à Anderson & Sheppard ou Huntsmann, ne vous imposera pas un style maison) pour votre premier deux pièces sur-mesure.

Voilà à quoi ressemble une veste bien coupée de dos : il y a très peu de plis, la carrure est joliment soulignée, et le cintrage au niveau des hanches est parfait.

Avec une chemise blanche aussi simple, n'hésitez pas à porter un costume plus original, comme celui-ci qui est taillé dans une laine grise, parsemée de fines lignes bleues et beiges. Un accessoire plus coloré ne serait également pas de trop.

LE TEE-SHIRT : LA PIÈCE PASSE-PARTOUT

Les tee-shirts unis sont un excellent investissement de départ. Facile à choisir, facile à porter, sous un hoodie ou sans rien pour se promener en été, c'est le basique le plus utile. Mais aussi le plus sous-estimé.

Les tee-shirts à col V sont particulièrement pratiques en hiver puisque vous pouvez les porter de manière invisible sous une chemise ou un pull. Ceux à col V trop profond sont à proscrire : les poils de votre poitrine ne concernent que vous !

Quant aux cols ronds, ils sont intéressants, mais plus classiques et moins polyvalents. En outre, évitez de choisir des cols ronds trop serrés et peu esthétiques.

Évitez aussi les tee-shirts à imprimés, à moins de savoir parfaitement ce que vous faites et de les choisir sobres. N'achetez pas de tee-shirts simplement parce que vous trouvez le visuel joli ou drôle, et arrêtez net les tee-shirts à logos et à slogans.

Les tee-shirts American Vintage ou American Apparel sont d'excellents exemples, bien qu'assez chers (aux alentours de 25 €). Le meilleur rapport qualité / prix que nous avons rencontré est celui des tee-shirts Monoprix (10 €). N'hésitez pas à vous en faire un petit stock de différentes couleurs pour la vie de tous les jours : blanc, sable, bleu marine, gris.

LES TEE-SHIRTS À COL V SONT PARTICULIÈREMENT PRATIQUES EN HIVER PUISQUE VOUS POUVEZ LES PORTER DE MANIÈRE INVISIBLE SOUS UNE CHEMISE OU UN PULL.

ASTUCE

Les tee-shirts gris chiné ajouteront un côté détendu et naturel à vos tenues, comme le Heather Gray de American Apparel. On peut aussi citer les tee-shirts Unconditional, des tee-shirts transparents à col rond de chez COS ou chez Benjamin Jezequel, et des Sixpack pour des imprimés graphiques originaux.

GUIDE D'ACHAT DU TEE-SHIRT

1. LES COUTURES DES ÉPAULES DOIVENT SE SUPERPOSER À LA CASSURE DE VOS ÉPAULES, AU NIVEAU DE L'OS. C'EST À CE DÉTAIL QUE VOUS VOYEZ SI LE TEE-SHIRT EST À VOTRE TAILLE.
2. LE TEE-SHIRT DOIT LÉGÈREMENT MOULER VOS PECTORAUX, SANS FAIRE TROP DE PLIS.
3. LE TEE-SHIRT NE DOIT ÊTRE NI TROP SERRÉ, NI TROP LÂCHE AU NIVEAU DES HANCHES, MAIS DÉLICATEMENT SE POSER DESSUS.
4. LES MANCHES DOIVENT S'ARRÊTER AU NIVEAU DU BICEPS, ET PAS DU COUDE.
5. UNE BONNE LONGUEUR S'ARRÊTE JUSTE SOUS LA CEINTURE, PAS SOUS LES FESSES.

Un tee-shirt avec un imprimé original trouvera sans problème sa place dans une tenue très décontractée.

Pour débuter avec les motifs, choisissez un tee-shirt avec une base blanche et un imprimé discret.

La marinière est une pièce intemporelle et très facile à porter. Pour casser son côté simple, on peut l'associer à un bermuda plus travaillé.

LA CHEMISE : LA MEILLEURE AMIE DE L'ÉLÉGANCE

La chemise blanche est pour beaucoup considérée comme le basique masculin par excellence. Elle incarne à la fois la virilité, le pouvoir, l'éducation, et comme le jean ou la veste grise, elle peut être portée avec presque tout. Alors pourquoi s'en priver ?

DE L'IMPORTANCE DU COL

Dans un premier temps, concentrez-vous sur le col : il doit être rigide. Il n'y a rien de pire que ces chemises avec des cols mous qui rebiquent après lavage. Un col avec des baleines (les petites languettes rigides) que l'on peut enlever est un indicateur de qualité. Cependant, pour une chemise purement décontractée comme une chemise en chambray ou en oxford, il est normal que le col soit dépourvu de rigidité.

Le col d'une chemise sert de base à votre visage, et son ouverture (la distance entre les deux pointes) doit être en ligne avec la forme de votre visage. Pour les visages fins : un col à faible ouverture (type col dit classique) affinera davantage votre visage là où vous devriez au contraire chercher à prendre en largeur.

En d'autres termes :
- Visages tassés/larges : cols à petite ouverture.
- Visages longs : n'hésitez pas à aller sur du cutaway/semi-cutaway, très à la mode et qui donnera un peu de largeur à votre visage.

Les cols américains, aussi appelés cols boutonnés, sont à proscrire dans tout environnement professionnel et l'ont été depuis au moins la fin des années 1990. Si vous les aimez, gardez-les pour vos chemises casuals de week-ends d'été, mais pas pour le travail.

ASTUCE

Si vous prenez bientôt des vacances dans un pays comme la Thaïlande ou la Turquie, explorez la piste du sur-mesure. Prenez votre chemise préférée, faites-la un peu retoucher pour que le fit soit vraiment parfait, et commandez des copies une fois en vacances. Pour ce faire, sélectionnez un tailleur qui a de bonnes toiles de costume, faites un essai avec une première chemise, et si le résultat est bon, demandez-lui en cinq autres. Vous devriez vous en sortir à moins de 30 € par chemise. Nous vous déconseillons le sur-mesure low-cost et vous recommandons la copie, car un bon patronage de chemise ne s'invente pas. Si la plupart des artisans que vous rencontrerez savent faire des copies, peu sont vraiment capables de tailler une bonne chemise directement à partir de vos mesures.

LA SÉLECTION

Une chemise blanche se salit rapidement, alors n'en achetez pas des chères si c'est pour aller à des fêtes ou les porter tous les jours au travail (les fameuses taches du déjeuner...). 40 € par chemise est un bon budget. Celles de H&M, de COS ou de la marque anglaise TM Lewin (trouvable sur Internet) sont bon marché, mais efficaces : parfaites pour les situations extrêmes. Vous pouvez vous en faire un petit stock (bleu crème, gris, rayures ou damiers discrets). Récemment, la marque Hast s'est illustrée par un rapport qualité/prix unique (54 €).

Si vous avez une consommation régulière de chemises (port du costume), alors il va vous falloir investir dans de la qualité, et non du style, puisque vos chemises subiront de nombreux lavages (plus d'une cinquantaine dans leur vie) et seront de toute façon portées sous la veste. Le col en particulier devra être bien solide.

GUIDE D'ACHAT DE LA CHEMISE

1. **COL :** RIGIDE SAUF POUR LES CHEMISES DÉCONTRACTÉES. PRENEZ GARDE À L'OUVERTURE.

2. **ÉPAULES :** COMME TOUJOURS, COUTURE DE LA CHEMISE AU NIVEAU DE LA CASSURE DE VOS ÉPAULES.

3. **POITRINE :** LA CHEMISE DOIT ÊTRE FITTÉE AU NIVEAU DE LA POITRINE, SANS ÊTRE TROP SERRÉE. TRÈS SOUVENT, ON CROISE DES HOMMES DONT LES CHEMISES SONT BOUFFANTES, AVEC ICI ENCORE L'EFFET PARACHUTE MASSACRANT LA SILHOUETTE. UNE CHEMISE DOIT ÊTRE PRÈS DU CORPS, QU'ELLE SOIT COUPÉE DROITE (C'EST-À-DIRE UN PEU PLUS AMPLE) OU CINTRÉE.

4. **AISSELLES :** IL NE DOIT PAS Y AVOIR TROP DE TISSU EN EXCÈS, LA CHEMISE NE DOIT PAS Y FLOTTER.

5. **HANCHES :** IL DOIT Y AVOIR ENVIRON LA PLACE POUR PASSER UN POING ENTRE LE BAS DE LA CHEMISE ET VOTRE CORPS.

6. **LONGUEUR :** RAPPELEZ-VOUS QU'UNE CHEMISE FORMELLE EST FAITE POUR ÊTRE PORTÉE RENTRÉE DANS VOTRE PANTALON, DONC CHOISISSEZ-LA SUFFISAMMENT LONGUE. À L'INVERSE, UNE CHEMISE CASUAL DEVRA SE TERMINER AU NIVEAU DE LA CEINTURE, UN PEU COMME UN TEE-SHIRT.

7. **LONGUEUR DES MANCHES :** LES MANCHES D'UNE CHEMISE, IDÉALEMENT À POIGNETS MOUSQUETAIRES, DOIVENT TOUJOURS DÉPASSER DE QUELQUES CENTIMÈTRES DE VOTRE VESTE QUAND VOUS FLÉCHISSEZ LES BRAS. VEILLEZ À CE QUE LA MANCHE DÉPASSE SUFFISAMMENT POUR QU'ON VOIT LE DÉBUT OU LE TOUT DU BOUTON DE MANCHETTE, C'EST-À-DIRE ENTRE 2 ET 3 CM, PAS PLUS.

Une chemise blanche bien coupée sert tout le temps. Soyez intransigeant sur la coupe au niveau des épaules.

SUGGESTIONS

- Des chemises Melinda Gloss (entre 140 et 180 €)
- Des chemises Zara (moins de 45 €)
- Des chemises Hast (54 €)
- Des chemises La Comédie Humaine (entre 145 et 170 €)
- Des chemises Cuisse de Grenouille (125 €)
- Des chemises FrenchTrotters (180 €)
- Des chemises Husbands (190 €)

LES HOODIES ET LES MAILLES : PASSEZ L'HIVER AVEC SÉRÉNITÉ

Nous avons préféré faire un focus sur les hoodies plutôt que sur les pulls ou les polos en matière de hauts parce que ce sont des vêtements riches en possibilités et qui tendent à perdre leur connotation sportswear.

CHOISIR SES HOODIES

Les hoodies (ou sweats à capuche) sont des pièces sans prise de tête. Nous vous conseillons d'éviter les hoodies de sport, généralement assez épais et molletonnés. Ils restent pratiques pour faire de l'exercice ou pour les jours où vous n'avez pas envie de faire un effort. Toutefois ils sont moins polyvalents que leurs homologues plus fins en coton, en laine ou en cachemire. Ils sont trop épais pour être combinés avec d'autres couches de vêtements, et la matière molletonnée donne parfois l'impression de poignées d'amour.

Préférez donc des matières plus nobles qui changent de ce que les gens ont l'habitude de voir. D'autant que le contraste entre une matière noble et un vêtement décontracté est intéressant.

Pour les couleurs, prenez vos distances avec des hoodies aux couleurs flashy trop voyantes, et préférez-leur des couleurs pastel comme le gris, le sable ou le crème.

Avec un hoodie de couleur aussi neutre, vous pouvez ajouter des pièces plus colorées afin d'éviter d'obtenir une tenue trop fade.

GUIDE D'ACHAT DES HOODIES

1. LA COUTURE DE L'ÉPAULE AU NIVEAU DE LA CASSURE DE L'ÉPAULE, VOUS CONNAISSEZ LE REFRAIN.
2. UNE COUPE AJUSTÉE, PAS TROP LARGE, ET SANS MATIÈRE SUPERFLUE AU NIVEAU DES AISSELLES.
3. PAS DE MATIÈRE TROP ÉPAISSE NI DE COULEURS TROP FLASHY. DE LA LAINE OU DU COTON LÉGER, DANS DES TONS PASTEL.

N'hésitez pas à ajouter des hoodies aux matières travaillées quand vous ne portez qu'un simple tee-shirt blanc.

LES AUTRES HAUTS

Si vous estimez que le hoodie appartient à vos années lycée, ou si votre style général est plutôt formel, il existe des alternatives comme les polos et les pulls. Pour des raisons similaires à celles déjà évoquées, choisissez des hauts assez fins.

Contrairement aux tee-shirts col V, il est possible ici de choisir des pulls à cols profonds, puisque ce ne sont en principe pas des pièces que vous portez à même la peau. Pour les cardigans, le col doit tomber plus bas que vos pectoraux.

En ce qui concerne les pulls très épais (angora, cachemire épais, grosse laine), on touche à une tout autre classe de vêtements. En effet, leur usage s'apparente davantage à celui d'une veste légère qu'à celui d'un basique. Pour ces vêtements-ci, qui sont amenés à durer longtemps, ne lésinez pas sur la qualité.

Le pull à col roulé confère une vraie carrure à une silhouette. Vous pouvez en abuser l'hiver !

LA SÉLECTION

H&M et GAP proposent des hoodies et des hauts de bonne facture autour de 30 €. Pas besoin de dépenser beaucoup plus pour des hauts en coton. Chez Monoprix, vous trouverez à la fois des hoodies en laine et des pulls fins, avec un excellent rapport qualité / prix (autour de 80 €).

Pour les gros cachemires, angoras, etc., il vous faudra dépenser beaucoup plus. Le fabricant italien Loro Piana est excellent, mais cher (plus de 400 €). En matière de maille, la marque française Six & Sept est une référence.

SUGGESTIONS

- Un hoodie American Vintage (90 €)
- Un pull col V Six & Sept (88 €)
- Un cardigan col châle Six & Sept (325 €)
- Un cardigan Melinda Gloss en laine et laine de yak (450 €)
- Un hoodie épais American Apparel, gris asphalte (45 €)
- Un hoodie B:Scott très casual (100 €)
- Un cardigan COS (60 €)

Un cardigan travaillé et léger se porte très bien avec une chemise. N'hésitez pas à le choisir un peu grand, pour plus de décontraction.

LE BLAZER : LA PRESTANCE EN TOUTES CIRCONSTANCES

Choisir un blazer est un exercice de style complexe, mais à la portée de tout le monde. Complexe parce que le niveau d'exigence est élevé : il faut consacrer du temps et des efforts avant de trouver un blazer qui vous va parfaitement. C'est aussi une pièce qui vaut cher, donc autant faire de nombreux essayages avant d'arrêter son choix.

Mais rassurez-vous, le jeu en vaut la chandelle, car votre blazer gris vous accompagnera partout. Il est très polyvalent, vous pourrez donc le porter avec à peu près tout, en remontant les manches ou non selon le contexte.

Nous préférons vous conseiller de choisir un blazer gris intermédiaire parce que c'est la solution de facilité. Mais jeter son dévolu sur une pièce bleu marine ou noire est bien sûr tout à fait acceptable.

COMBIEN DE BOUTONS ?

Il y a blazer et blazer. Le vôtre devrait être simple, à un ou deux boutons. Les blazers à trois boutons sont un peu désuets et ont tendance à couper votre silhouette en deux, ce qui la rapetisse. Ne prenez pas ce risque. Dans la mesure du possible, préférez les modèles simples plutôt que les blazers croisés (ceux qui ont deux rangées de boutons). Ces derniers sont parfaits pour les grands événements, mais apparaissent encore trop dandy pour être portés au bureau.

Une veste coupée à la perfection se porte très facilement avec des pièces aux couleurs plus simples. Notez la qualité du cintrage, qui affine la silhouette avec justesse. Si vous souhaitez rester sur des couleurs simples, soyez intransigeant sur la coupe.

LES ÉPAULES SONT DÉTERMINANTES. ELLES DOIVENT CASSER DE MANIÈRE NETTE : ANGLE DE L'ÉPAULE BIEN DÉFINI, SANS PLIS NI MATIÈRE SUPERFLUS.

GUIDE D'ACHAT DU BLAZER

1. LES ÉPAULES SONT DÉTERMINANTES. ELLES DOIVENT CASSER DE MANIÈRE NETTE : ANGLE DE L'ÉPAULE BIEN DÉFINI, SANS PLIS NI MATIÈRE SUPERFLUS.
2. LE MOINS DE PLIS POSSIBLE DANS VOTRE DOS OU AU NIVEAU DU COL.
3. **ÉVALUER LA COUPE :** OUVERT, LE BLAZER DOIT DESSINER VOS HANCHES AVEC UNE BELLE COURBE BIEN RÉGULIÈRE. C'EST CE QUE L'ON APPELLE LE CINTRAGE.
4. **TROUVER SA TAILLE :** FERMÉ, IL FAUT QUE LE BLAZER SERRE À PEINE AU NIVEAU DU PLEXUS (REMARQUABLE AUX LÉGERS PLIS DE CHAQUE CÔTÉ DES BOUTONS). VOUS DEVRIEZ AUSSI VOUS SENTIR MAINTENU AU NIVEAU DES FLANCS. ON PEUT EN GÉNÉRAL PASSER L'ÉQUIVALENT DU POING ENTRE LE PLEXUS ET LE BLAZER.
5. **CHOISIR LA BONNE LONGUEUR :** DÉBOUT, LES BRAS RELÂCHÉS, LE BLAZER DOIT S'ARRÊTER AU MILIEU DE VOTRE MAIN. LES MANCHES DOIVENT LAISSER APPARAÎTRE 1 CM DE CHEMISE EN POSITION DROITE, ET 2 OU 3 CM MAXIMUM QUAND VOUS FLÉCHISSEZ LE BRAS POUR UNE POIGNÉE DE MAIN.

Une veste grise permet d'insérer très facilement des chemises plus colorées ou à motifs.

Nous sommes conscients qu'il est difficile de respecter tous ces critères, surtout quand on a une morphologie un peu atypique. Encore une fois, ne vous découragez pas, et continuez de chercher jusqu'à ce que vous trouviez le blazer qui vous va. Et si vraiment c'est une mission impossible pour vous, concentrez-vous sur le fit des épaules et la qualité du cintrage, puis faites retoucher la taille (point n° 4) et la longueur (point n° 5).

LA SÉLECTION

Même pour les budgets modestes, le choix est intéressant. Furetez un peu dans les rayons de H&M (60 €), Zara (120 €) ou COS (160 €). Ces marques offrent parfois d'excellentes coupes, en particulier H&M, mais négligent les finitions et la qualité des matières. Cela reste pertinent de faire retoucher ces vestes pour les adapter parfaitement à votre morphologie.

Si vous souhaitez miser sur la qualité, ce sera du côté des marques suédoises Filippa K (300 €) et Acne (modèle Aktie, autour de 400 €). Fidèle au poste, Melinda Gloss est aussi à considérer (450 €), tout comme La Comédie Humaine (395 €).

Des blazers plus travaillés, avec des coupes présentant des twists stylistiques, deviennent des pièces fortes. Cela se passe du côté d'éclectic et ses vestes techniques (650 €), Ozwald Boateng (600 €), Dior Homme (800 €) ou CCP (plusieurs milliers d'euros…).

LE MANTEAU D'HIVER : ÊTRE AU CHAUD AVEC STYLE

DES CRITÈRES À RESPECTER

Parmi tous les styles possibles, nous vous conseillons d'opter pour un caban ou un manteau de laine en style trenchcoat si vous dépassez 1,80 m. Un duffle-coat est aussi possible pour plus de décontraction…

Gardez en tête l'aspect fonctionnel du manteau. Y a-t-il assez de poches pour vos effets personnels ? En reste-t-il deux de libres pour vos mains ? Le col couvre-t-il bien votre cou pour que vous n'attrapiez pas froid ? Et le plus important, le manteau est-il assez chaud ? Pour vous en assurer, vérifiez qu'il est confectionné en matériaux organiques (mélange de laines, de cachemires), et non synthétiques. La laine est un thermorégulateur naturel, ce qui signifie qu'elle conserve mieux la chaleur que le synthétique tout en régulant l'humidité naturelle du corps.

Le fit du manteau revêt lui aussi un intérêt fonctionnel. En effet, une coupe ajustée est la garantie que l'air ne pénétrera pas votre armure de laine par les interstices dus à une taille trop grande.

Pour les couleurs, le bleu marine est original et très facile à porter, tout comme le gris, plus classique. Évitez simplement les couleurs marron qui sont vraiment démodées aujourd'hui.

GUIDE D'ACHAT DU MANTEAU

1. **ÉPAULES :** COMME POUR LES BLAZERS, LES ÉPAULES DOIVENT ÊTRE COUPÉES DE MANIÈRE NETTE, ET NE PAS S'AFFAISSER.
2. **CINTRAGE :** CHOISISSEZ UN MANTEAU TRÈS LÉGÈREMENT CINTRÉ, CAR SI VOUS FLOTTEZ DEDANS, IL VOUS PROTÉGERA MOINS BIEN DU FROID.
3. **COUPE :** LES MANCHES DOIVENT RECOUVRIR VOS POIGNETS. LA LONGUEUR D'UN MANTEAU DOIT S'ARRÊTER AVANT LES GENOUX, ET CELLE D'UN CABAN SOUS LA CEINTURE.

LA SÉLECTION

Nous vous recommandons les manteaux de chez Melinda Gloss (420 €) qui offrent un rapport qualité / prix imbattable. Bill Tornade en fait parfois des bien (400 €), mais c'est surtout chez Neil Barrett (700 €) et Wooyoungmi (700 €) que vous trouverez votre bonheur et une dose rafraîchissante d'originalité pour cette pièce vue et revue.

LE FIT DU MANTEAU REVÊT LUI AUSSI UN INTÉRÊT FONCTIONNEL. UNE COUPE AJUSTÉE EST LA GARANTIE QUE L'AIR NE PÉNÉTRERA PAS VOTRE ARMURE DE LAINE.

Un manteau style trench (avec une double boutonnière croisée) est très facile à porter et vous suivra de nombreux hivers.

Cette lanière très utile dans le dos s'appelle une martingale et permet de recintrer le manteau si vous le souhaitez.

Le manteau est une pièce que vous porterez plusieurs hivers de suite. Choisissez-le dans une belle matière qui prend bien la lumière.

LA VESTE EN CUIR : ELLE N'EST PAS RÉSERVÉE AUX STARS DU ROCK

UNE PIÈCE RISQUÉE, MAIS À FORT POTENTIEL

La veste en cuir est sans conteste la pièce la plus masculine de votre garde-robe, tant elle ramène à un fort imaginaire masculin, fait de motards, de pilotes de chasse et autres aventuriers. Elle fait partie du rare club de vêtements (avec le trench et peut-être le blazer) à entourer immédiatement son porteur d'une aura de virilité. Mais acheter une veste en cuir est bien plus compliqué et risqué que vous ne le pensez.

C'est une pièce très chère, mais qui n'a rien d'essentielle, car on peut facilement la remplacer par des vestes en nylon ou en coton. D'autant plus que l'on ne peut pas tricher sur la qualité en portant le cuir avec de beaux vêtements : impossible de faire mentir un mauvais cuir. Et puisque l'on parle de matières, sachez que le cuir est exigeant à l'entretien et fragile à l'usage. Enfin, les vestes en cuir sont difficiles à choisir. Les pièces mal coupées ou de piètre qualité affluent sur le marché, et reconnaître un beau cuir demande de l'expérience.

PRIX ET QUALITÉ DU CUIR

Les deux principaux désavantages d'une veste en cuir sont son prix et sa relative fragilité. Parce que la qualité des peaux est primordiale, les prix peuvent rapidement s'envoler. Un budget décent pour une belle veste en cuir tourne autour de 500€. En dessous, cela devient très compliqué de trouver des pièces intéressantes. Ceci dit, cela ne nous empêchera pas de vous donner à la fin du chapitre nos astuces pour trouver des cuirs corrects sans vous ruiner.

Mais prenez garde, même en payant le prix, les vestes en cuir restent sensibles au moindre verre renversé en soirée, et de petites égratignures peuvent prendre une tournure inquiétante. Alors prenez soin de votre cuir : hydratez-le à chaque saison avec de la crème hydratante spécial bébé et faites recoudre toute couture qui commencerait à céder. Pour vous assurer de la qualité d'une peau, il faudra composer avec votre vue, votre toucher et votre odorat. Un beau cuir est doux, et jamais rêche. Il crisse sous le doigt, et ressemble un peu à du latex. Les pores du cuir doivent être fins et réguliers que ce soit en termes de répartition ou de taille. Notez aussi que plus les pores sont fins et resserrés, plus le cuir est beau. Enfin, un beau cuir a une odeur subtile et douce : cela indique son origine naturelle. Fuyez les peaux qui empestent, car elles ont été tannées à la va-vite. Pour terminer, n'oubliez pas de vérifier que la qualité du cuir est à peu près constante au niveau du dos, de la poitrine et des manches.

ELLE FAIT PARTIE DU RARE CLUB DE VÊTEMENTS (AVEC LE TRENCH ET PEUT-ÊTRE LE BLAZER) À ENTOURER IMMÉDIATEMENT SON PORTEUR D'UNE AURA DE VIRILITÉ.

La veste en cuir est indéniablement la pièce virile de la garde-robe. Notez ici comment les chaussures désassorties ajoutent une touche de spontanéité.

COMMENT FAIRE UN BON ACHAT ?

— *Un cuir ne s'achète pas en friperie*

Une fois que vous aurez touché par vous-même des vestes en cuir haut de gamme de maisons comme Martin Margiela ou Dior, vous devriez être à peu près capable d'évaluer la qualité d'une pièce. Ceci étant fait, passons à l'achat. Tout d'abord, ne vous précipitez pas sur les cuirs d'occasion que l'on trouve en friperie. Nous sommes des gros amateurs de friperies, et croyez-en notre expérience, les vestes en cuir dignes de ce nom y sont bien rares. Inutile donc d'y perdre votre temps et votre énergie.

— *Avec un budget raisonnable*

Si vous avez un budget raisonnable, vous allez pouvoir faire un bel investissement. Vous trouverez facilement de très belles pièces parfaitement adaptées à votre style et votre morphologie. La plupart des vestes en cuir haut de gamme sont intéressantes. Passez faire un tour chez des marques comme Wooyoungmi, Neil Barrett, Rick Owens, Margiela, Robert Geller, Séraphin ou Costume National. Et si vous le pouvez, tentez de découvrir d'autres belles marques si vous avez accès à des magasins type Galeries Lafayette ou Printemps.

— *Comment choisir*

Les modèles les plus adaptés à une garde-robe moderne ne sont pas forcément les plus répandus. Évitez les perfectos (les blousons croisés de motards), et si possible les bombers (ceux avec des élastiques aux poignets et autour de la taille que portaient les pilotes). Préférez une veste droite au niveau de la taille. Quant au cintrage, il est cette fois-ci en option : à vous d'essayer et de déterminer ce qui vous va le mieux. Au moment de l'achat, prenez toujours un cuir suffisamment serré, car c'est un matériau qui se détend beaucoup pour s'adapter à la morphologie du porteur. Raison de plus pour être exigeant sur la coupe dès le début, sachant que les aisselles et les épaules auront tendance à s'affaisser.

Un très beau cuir à un prix raisonnable est compliqué à trouver. Mais s'il est bien choisi, il apporte une touche unique à un look.

— *Solutions à moindre coût*

Évidemment, tout le monde n'a pas un loyer à investir dans un cuir, alors explorons quelques pistes qui raviront les budgets plus modestes. Vous croiserez parfois des cuirs corrects dans le PAP grand public (Zara, GAP, H&M), mais il faudra chasser plusieurs mois avant de trouver LA bonne pièce. En outre, bien que de qualité satisfaisante, ces vestes restent assez banales, et leur prix n'est pas si bon marché (c'est pourquoi nous vous conseillons de rajouter 200 € et de viser directement des pièces haut de gamme).

En milieu de gamme, seuls Sandro et Aviatic proposent des cuirs parfaitement coupés.

Blackscissors est une marque online que nous vous recommandons chaleureusement. Ils produisent des répliques de vestes de designers (Balenciaga, Owens, Margiela) à des prix raisonnables. La qualité est plutôt bonne, puisqu'ils utilisent majoritairement du cuir nappa (c'est un cuir pleine fleur qui a subi un tannage spécial, lui conférant douceur et durabilité). Mais avant de vous jeter sur leur e-shop, sachez que vous n'êtes pas exempt de vous renseigner sur les modèles en arpentant les forums de mode habituels. En effet, certaines de leurs coupes sont parfois un peu bizarres, ou particulièrement longues.

Selon nous, le meilleur moyen pour trouver le cuir dont vous rêvez est de consulter les petites annonces des forums. On y trouve régulièrement du Rick Owens et du Robert Geller à prix cassés.

SUGGESTIONS

— Kiliwatch propose des blousons montés dans des cuirs de récupération de qualité acceptable, avec des coupes très classiques : 150 €

— All Saints produit des cuirs acceptables à de bons prix, parfois dans un style assez destroy : 350 €

— Chevignon : autour de 400 €, avec des designs parfois sympas, mais parfois ratés : il faut faire le tri

— Bill Tornade fait des cuirs avec des designs plus travaillés : 550 € (et souvent bien bradés en soldes)

— Surface to Air avec un style plus rock : 650 €

— Le must : DROMe pour ses cuirs en reptile qui restent très discrets : 2 500 € et plus

Admirez le travail de coupe, de design et de texture de ce cuir Julius.

Surface to Air propose de très beaux cuirs à chaque saison.

Chapitre 10

LA VESTE D'ÉTÉ : QUAND IL FAIT TROP CHAUD SOUS LE MANTEAU

Le trench n'a pas le monopole de l'été et de la mi-saison. Et porter le blazer tous les jours est peut-être trop formel, surtout si vous évoluez dans un contexte décontracté ou plutôt jeune. Un bon blouson d'été peut être la solution.

LES CRITÈRES DE CHOIX

— *Les épaules*

C'est le point le plus important : la couture de l'épaule doit être alignée pile avec l'os de l'épaule (l'acromion). C'est le meilleur moyen de vous dessiner des épaules un minimum carrées.

— *La coupe*

La coupe est un point problématique, car dans le prêt-à-porter, de trop nombreux blousons ont en bas des bords côtes (ce sont des bords élastiques recouverts de tissus qui resserrent le bas du blouson).

C'est surtout le cas des blousons appelés bombers : à moins que vous ayez vraiment une morphologie type, il y a 90 % de chances que la coupe soit complètement inadaptée dans le prêt-à-porter de base. Sur les bas normaux, le dos ne sera pas un problème.

ATTENTION

N'achetez pas un blouson trop près du corps, de manière à prévoir de l'espace pour au moins deux couches de vêtements (une maille et une chemise par exemple).

— *La matière*

Lorsque l'on parle de blouson, la plupart des gens visualisent immédiatement un blouson en cuir. Et pourtant, c'est loin d'être la matière à choisir par défaut, bien au contraire.

Le printemps et l'été sont des occasions idéales pour tester des formes de blouson, avec d'autres matières tout aussi valables comme le coton (et par extension le denim) et la soie. Si vous voulez un premier blouson, évitez par contre le molleton qui n'est pas du tout imperméable, et encore moins respirant.

Soyez aussi vigilant sur les doublures : un blouson avec un extérieur en soie et une doublure en polyester vous tiendra quand même bien trop chaud.

— *Les couleurs et les motifs*

Évitez autant que possible le noir pour un blouson de mi-saison et d'été : on cherche à rester au frais et pas à conserver la chaleur. C'est en plus une couleur qu'il n'est pas si simple d'accorder.

De la même manière, évitez le blanc : c'est une couleur très souvent mise en valeur sur les campagnes publicitaires de la saison printemps-été, mais souvent dans des environnements très favorables (blancs ou en tout cas très clairs) et avec des retouches à la clé. Le plus simple reste des nuances de bleu, de gris et de marron.

Vous pouvez opter pour du contraste avec de simples teddys : Asos en fait de très acceptables pour une cinquantaine d'euros, avec des couleurs faciles à porter (bleu marine et blanc).

Privilégiez un basique pour votre premier blouson et évitez de vous emballer en choisissant la fameuse Souvenir Jacket du film *Drive*. C'est le genre de pièces qui revient à la mode de manière très éphémère et qui sera à nouveau oublié dans quelque temps.

LA SÉLECTION

— *Entrée de gamme*

Asos propose des vestes en jean et des teddys bien coupés pour seulement une cinquantaine d'euros. Les matières sont par contre à revoir, et il est probable que vous ayez des renvois à faire avant de trouver la bonne taille. COS est une valeur sûre, qui propose pour 100-150 € des coupe-vent aux couleurs sobres et aux constructions plutôt travaillées, qui se distinguent largement du prêt-à-porter de masse. Uniqlo est aussi une bonne solution, surtout si vous pouvez mettre la main sur des pièces de la collaboration avec Jil Sander.

— *Milieu de gamme*

Certaines marques milieu de gamme qui jouent sur le streetwear proposent de bons modèles, notamment Homecore, Études, Still Good (la marque la plus jeune et la plus accessible) et Misericordia. Pour un peu plus cher, Surface to Air fait de bonnes pièces en denim et de beaux mélanges laine/cuir (mais là, on est plus sur du blouson d'hiver). Enfin, Les Chats Perchés proposent eux aussi une gamme complète de vestes en denim, avec de très belles nuances de bleu et qui conviendront bien aux petites tailles.

Les blousons aux épaules dites raglan (quand la manche est directement rattachée au col) permettent à de nombreuses carrures de porter un cuir sans craindre l'effet d'épaules tombantes.

— *Haut de gamme*

On arrive enfin sur du haut de gamme. Melinda Gloss propose des pièces très différentes chaque saison, il est donc difficile de généraliser, mais la veste en denim contrastante du printemps-été 2013 est une belle réussite au niveau des couleurs. La Comédie Humaine propose également de très belles pièces. Wooyoungmi est une valeur sûre : si vous voulez voir de très beaux blousons en soie, avec une coupe quasiment parfaite, alors allez faire des essayages chez cette marque (malheureusement, elle n'est pas évidente à trouver en France). De la même manière que COS, Filippa K, Acne et Our Legacy proposent des pièces typiques de la sobriété suédoise aux environs de 300 à 400€. A.P.C. revisite la plupart du temps des pièces vintage et les confectionne à partir de matières et de finitions d'une solidité exemplaire : vous y trouverez en outre beaucoup de tailles XS.

— *Et ensuite ?*

Pour un budget supérieur à 400€, rendez-vous du côté des marques qui défilent et notamment Dior, Rick Owens (ou Aviatic dans le Marais, qui propose des pièces au rendu très proche) ou Balenciaga. La marque très confidentielle Baron Y propose également des blousons absolument incroyables. Sachez aussi que certaines marques connues chez la femme comme Lutz ont également une micro-collection homme relativement discrète, mais très qualitative. Il était ainsi possible à l'été 2012 d'accéder aux ventes privées et d'y récupérer par exemple un blouson entièrement en soie et double face pour seulement une centaine d'euros (au lieu de 400).

Un blouson bleu en coton est parfait pour l'été, et vous pouvez facilement le mettre dans votre sac quand il fait trop chaud.

Chapitre 11

LA CEINTURE : L'ACCESSOIRE À NE PAS NÉGLIGER

D'un point de vue stylistique, une ceinture n'est pas un accessoire, c'est un "obligatoire". Pour la choisir, ne vous prenez pas la tête. Choisissez-la noire, bien souple et en cuir véritable.

Si vous portez des costumes, choisissez une ceinture fine avec une boucle la plus simple et subtile possible. Ici encore, évitons les logos et autres fantaisies. Vous pouvez l'assortir avec vos chaussures, mais contrairement aux idées reçues, cela n'a rien d'une obligation.

Le reste du temps, c'est une ceinture plus large qu'il vous faudra porter avec vos jeans. Les règles de sobriété sont les mêmes, mais vous pouvez tenter des boucles plus imposantes.

Vous pourrez ensuite compléter votre gamme de ceintures avec des modèles similaires en cuir brun, puis vous amuser sur les matières : cuirs exotiques comme l'autruche, couleurs moins communes comme le gris ou le bleu marine.

SUGGESTIONS

- Une ceinture marron épaisse et large provenant d'un surplus militaire (15 €)
- Une ceinture fine, marron, de la marque Galeries Lafayette ou COS (30 €)
- Une ceinture MUJI épaisse, marron orangé (30 €)
- Une ceinture personnalisée Losco (54 €, vendue uniquement en boutique à Paris)
- Une ceinture L'Aiglon (80 €)

ASTUCE

Pour démarrer, pas la peine de trop dépenser. Une ceinture à 20 ou 30 € trouvée dans une chaîne de prêt-à-porter fera parfaitement l'affaire.

Une ceinture marron dans un beau cuir végétal va très joliment se patiner.

Chapitre 12

LES CHAUSSURES : L'ÉLÉGANCE JUSQU'AU BOUT DES PIEDS

S'il y a une pièce de votre look sur laquelle tout peut se jouer, c'est bien la chaussure !

Ce chapitre constitue un guide complet pour déterminer votre besoin réel en la matière : quel prix et quel style, pour quel usage ? Nous évoquerons également des choses sérieuses avec les astuces pour jauger la qualité d'une chaussure.

LES CLASSIQUES INTEMPORELS

Ces modèles sont indispensables pour aller travailler dans certains secteurs, pour se rendre à une soirée ou un autre événement habillé.

Budget : pour des chaussures habillées en cuir de veau ou agneau, comptez environ 200 €, et plus pour un produit de premier choix.

— *Les Richelieu*

Ce sont les chaussures habillées et élégantes par excellence, et elles font l'objet d'un véritable dogme de la part des chausseurs de luxe tels que Berluti.

Fines, parfois perforées pour marquer un motif, elles sont repérables par leur laçage : les lacets viennent joindre une même pièce de cuir simplement fendue (c'est de là qu'elles tirent leur finesse, mais elles sont aussi plus difficiles à enfiler). Elles ont la réputation d'être ennuyeuses, car généralement très sobres, leur finalité première étant d'être associées à un costume ou un pantalon formel. Évitez donc de les assortir avec un jean clair ou un pantalon trop casual.

Aujourd'hui, des marques comme Heyraud les détournent, dans une gamme de prix accessible et de bonne qualité. Ces modèles bicolores (noir / gris, noir / bleu marine...) ou avec des cuirs très finement perforés mettent facilement en valeur le classique jean / blazer.

— *Les Derby*

Souvent privilégiées par rapport aux Richelieu (sans s), les Derby (oui, encore...) sont un brin plus décontractées, du fait d'une ligne résolument moins fine que les bourgeoises Richelieu, et ce pour deux raisons.

La première est que les lacets de la Derby joignent deux empiècements de cuirs différents, ce qui permet une ouverture beaucoup plus large.

La seconde, c'est que ce style de chaussures est régulièrement monté en cousu Goodyear (voir p. 130), qui suppose une semelle également plus large.

Moins formelles, elles sont plus faciles à porter avec un jean brut et une belle veste, révélant un caractère presque hybride (habillé / décontracté) vraiment intéressant pour rester élégant en toutes circonstances.

Enfin, ce sont des chaussures avec lesquelles il est facile de jouer sur les contrastes (couleurs, matières...) : un vrai "plus" pour des chaussures "racées", sans tomber dans l'excès bien sûr. Pour l'hiver, optez pour une jolie couleur fauve ou grise, et pour l'été, passez au beige et portez-les avec un beau pantalon de toile bleu marine ou vos jeans.

Une paire de Richelieu dans les tons marron est d'une grande élégance : tout homme devrait en posséder une paire !

— *Les bottines*

Elles apportent une touche masculine à votre look, en plus de s'assortir à merveille avec un jean.

Certaines sont plus habillées que d'autres selon le cuir : une matière brillante et parfaitement lisse paraîtra beaucoup plus classe qu'un cuir retourné "velours" ou destroy (avec des effets d'usure).

— *Les mocassins*

Terminons ce petit tour d'horizon des chaussures habillées avec les mocassins. Ce soulier confère rapidement une dimension "bourgeoise" à votre tenue, car initialement il était porté par les hautes strates de la société. L'idée ? Évitez de rentrer dans LE "cliché mocassins" : pantalon à plis, chemise rose saumon rentrée dans le pantalon et petit pull noué sur les épaules !

Il sera plus sympa de les détourner avec un pantalon de toile légèrement roulotté au-dessus de la chaussure et une chemise décontractée (chemise en chambray, par exemple). De cette manière, vous profiterez d'une chaussure confortable et élégante sans risquer l'effet "fils à papa".

ATTENTION

Les bottines peuvent facilement faire de grands pieds, ce qui pose problème à ceux qui ont des pointures de basketteurs. En effet, on les fabrique couramment à partir d'une seule pièce de cuir, sans qu'il n'y ait de couture ou d'empiècement qui viendrait "casser" la longueur de la chaussure. Vous vous en rendrez compte durant l'essayage.

ASTUCE

En été, vous pouvez porter les mocassins sans chaussettes, avec un peu de talc à l'intérieur pour éviter que la transpiration ne soit trop gênante. C'est très agréable quand il fait chaud et que vous voulez rester élégant.

ÉVITEZ DE RENTRER DANS LE "CLICHÉ MOCASSINS" : PANTALON À PLIS, CHEMISE ROSE SAUMON RENTRÉE DANS LE PANTALON ET PETIT PULL NOUÉ SUR LES ÉPAULES.

Une paire de bottines est tout aussi masculine, mais un peu plus décontractée qu'une paire de Richelieu, très strictes.

LES CHAUSSURES CASUAL/HYBRIDES

— *Les combat boots et les rangers*

Elles sont devenues parfaitement légitimes dans le vestiaire masculin. Extrêmement racé, inspiré des équipements militaires, ce type de chaussures est réservé à des carrures plutôt imposantes, et à un look décontracté parfaitement maîtrisé.

Nous les conseillons portées avec un jean foncé qui tombe sur le haut de la chaussure. Un cuir fauve ou beige déjà patiné ajoutera du cachet à ce style que vous pourrez compléter d'un blouson à poches pour accentuer l'effet baroudeur. Pour les plus aguerris, la chemise casual (dans des toiles épaisses comme l'oxford ou les cotons japonais) et la veste viendront contraster l'effet "grosse brute".

Lors de l'achat, essayez-les avec une paire de chaussettes épaisses pour être bien à l'aise, car ce sont des chaussures raides qu'il n'est pas pensable de porter avec des chaussettes fines.

Et pour terminer, n'ayez pas peur de les faire souffrir un peu au début pour les marquer et amorcer la patine du cuir. Comptez 200 € minimum pour une bonne paire.

ATTENTION

Les combat boots et les rangers peuvent vous faire souffrir deux ou trois semaines avant que le cuir très épais ne se moule à la forme de votre pied. Voyez cela comme un rite de passage obligatoire : après un mois, elles seront comme des chaussons et vous accompagneront pour les vingt années à venir.

Les combat boots, du fait de leur design très fort, doivent être réservées à des personnes ayant une garde-robe un minimum fournie, sous peine d'avoir des difficultés à les assortir.

— *Les desert boots*

Les desert boots se sont imposées comme des basiques indispensables tant leurs avantages sont nombreux. En premier lieu, ce sont des chaussures éligibles au fameux "ça-va-avec-tout", car les couleurs claires/douces dans lesquelles elles sont réalisées (beige, marine) s'accordent très facilement.

Si l'on exclut le costume, vous pourrez les porter avec de nombreux styles de pantalon (chino, jean), avec un polo, ou même une chemise et un blazer.

Ensuite, leur forme montante et arrondie, ainsi que leur semelle généralement en crêpe, assurent un très grand confort. Autre point positif : leur montage simple en fait des chaussures abordables (on trouve de bons modèles à partir de 150 €).

Les chukkas ont exactement la même forme, mais sont montées sur une semelle de cuir, comme les bottines (plus durable, mais un peu plus cher). Nous le précisons pour la forme, car dans la pratique leur usage reste le même.

COMMENT ÉVALUER LA QUALITÉ D'UN CUIR ?

C'est une évidence : un beau soulier est fabriqué à partir de cuir. D'une part parce que c'est beau, et d'autre part parce que c'est une matière solide qui, si elle est de bonne qualité, vieillira très bien et s'embellira avec le temps.

— *Quels sont les cuirs que l'on voit le plus souvent ?*

Tout d'abord le veau, le plus utilisé. C'est un cuir souple, mais résistant. Il se reconnaît par sa surface lisse et douce, le plus doux étant le veau dit "boxcalf" : il s'agit d'un veau tanné aux sels de chrome, ce qui apporte au cuir brillance et douceur, comme s'il était poli.

Le cuir de vachette (cuir de bovin adulte) a les mêmes caractéristiques, si ce n'est qu'il sera moins fin et moins doux. On trouve aussi beaucoup d'agneau, plutôt en été, encore plus fin et plus souple que le veau. En revanche, s'il est magnifique lorsqu'il ne reçoit pas de traitements aux métaux (il prend rapidement une très jolie patine), il sera plus vulnérable aux tâches diverses. Les cuirs tannés aux écorces et non aux métaux sont ce que l'on appelle les "cuirs végétaux".

Le veau et l'agneau peuvent être traités pour devenir un cuir "velours" (suédé ou nubuck), parfois aussi appelé "daim", comme on en voit très souvent sur les desert boots.

Maintenant que vous en savez plus, nous allons vous donner quelques petites astuces pour estimer la qualité de votre cuir.

— *Beau à la vue*

Le cuir de la chaussure de vos rêves doit être beau à regarder. Son aspect lisse sera un bon indicateur : un cuir plein de veines, de bosses ou de petites piqûres est clairement défectueux.

Pour les cuirs grainés ou foulonnés (sur lesquels est imprimée une texture que l'on appelle "grain"), le critère essentiel est la régularité du motif sur la surface du cuir. Enfin, la brillance du cuir doit paraître naturelle, c'est-à-dire qu'à partir du moment où vous vous posez la question de savoir si les chaussures sont en cuir ou en synthétique, passez à la paire suivante ! Petit indice : plus le brillant du cuir paraît "glacé" et se rapproche d'un vernis, moins le cuir est de bonne qualité...

Pour les cuirs velours, la régularité de la matière est essentielle, car les peaux sont poncées pour obtenir ce résultat. Autant vous dire que si c'est mal fait, la matière ne sera pas uniforme et ce ne sera pas joli. Les défauts sont immédiatement visibles sur les suédés et nubuck, donc vous ne devriez pas avoir trop de mal à vous y retrouver.

Petite précision : si nous voulons tous des chaussures parfaites, il ne faut pas oublier que le cuir est une matière noble et chère. Par conséquent, ajustez vos exigences à la gamme de chaussures que vous voulez vous offrir, une ou deux petites imperfections ne doivent pas être rédhibitoires.

Enfin, si vous pliez la chaussure, les plis qui apparaissent ne doivent pas marquer le cuir, ou alors très (très) légèrement. Cette tendance à ne pas marquer est caractéristique d'un cuir de bonne qualité.

Un très beau cuir est magnifié par une belle lumière. N'hésitez pas à vous rapprocher de la lumière du jour quand vous voulez évaluer la qualité et la couleur d'un objet en cuir.

ATTENTION

Certains cuirs bas de gamme sont recouverts d'une pellicule plastique pour les rendre plus beaux à l'achat, mais cela les fragilise, car ils se dessèchent et craquellent après quelques semaines. On les repère, car les plis sont très marqués quand la chaussure est pliée, et ils ne disparaissent pas en massant le cuir.

— *Beau au toucher*

Nombre de peaussiers vous diront que le cuir est une matière sensuelle, on peut presque dire que chaque cuir a une personnalité : c'est une matière organique, après tout. Un cuir est souvent doux, ou alors très régulier s'il est texturé. À l'inverse, si vous avez le sentiment là encore de toucher une matière froide, à l'effet plastique, passez votre chemin.

Le toucher peau de pêche propre aux cuirs velours est encore plus caractéristique, car on le reconnaît les yeux fermés. Cet examen est tout à fait déterminant et le contact doit vraiment être agréable. Vous pouvez faire un petit test simple : dessinez un motif avec votre doigt sur le cuir. Un velours bien réalisé laissera apparaître ce motif qui disparaîtra dès que vous repasserez la main dessus…

LE CUIR DE LA CHAUSSURE DE VOS RÊVES DOIT ÊTRE BEAU À REGARDER. SON ASPECT LISSE SERA UN BON INDICATEUR : UN CUIR PLEIN DE VEINES, DE BOSSES OU DE PETITES PIQÛRES EST CLAIREMENT DÉFECTUEUX.

COUTURES, SEMELLES ET MONTAGE

Concernant la qualité de la semelle, c'est assez simple. Il existe quelques modèles de semelles en gomme caoutchouc ou en crêpe, très confortables mais qui vieillissent assez mal et, surtout, qui se réparent mal.

Si l'on s'en tient aux souliers habillés, vous aurez face à vous une semelle en cuir dans la plupart des cas, qui sera plus rigide que les semelles en gomme ou en crêpe. Mais elle ne doit pas non plus être raide comme l'acier : vous devez pouvoir plier légèrement la semelle sans la déformer. Posée sur une surface plane, la chaussure repose normalement sur le talon (bien à plat) et sur le milieu de la semelle (partie située avant les doigts de pieds). Évidemment pour les tennis, espadrilles et autres chaussures dépourvues de talon, l'ensemble de la chaussure repose à plat.

Le montage correspond à la technique grâce à laquelle la chaussure (semelle et cuir) est assemblée. Il y a quatre techniques très fréquentes, de la plus fragile à la plus solide : le collé, le Blake, le Goodyear et le cousu norvégien.

— *Le montage collé*

Le montage collé n'est pas un cousu, puisque l'on n'utilise aucun fil. On se contente de coller ou de souder avec un matériau qui réagit à la chaleur (un thermocollant). C'est peu résistant, et les chaussures qui utilisent cette technique de montage se dégradent rapidement avec la pluie. C'est un montage à éviter sur les chaussures de ville, mais qui est acceptable pour des baskets en dessous de la centaine d'euros.

— *Le Blake*

Le Blake, ou cousu collé, est un montage simple qui consiste à assembler la tige et la semelle en les cousant sous la semelle intérieure de la chaussure. Vous pourrez parfois voir les détails de ce montage en soulevant la semelle intérieure, mais aussi sous la chaussure où les coutures seront visibles si le dessous de la semelle n'a pas été recouvert. Ici aussi, la régularité est la clé du travail bien fait, avec des trous de couture qui ne doivent pas être plus larges que le fil, au risque d'avoir une chaussure qui prend l'eau !

— *Le Goodyear*

Le Goodyear consiste à assembler la tige de la chaussure (le cuir du dessus) et la semelle en calant entre les deux une autre couche de cuir : la trépointe. Il se reconnaît par une semelle parsemée de points de couture, sur tout le tour de la chaussure, formant une sorte de trottoir. Si ce montage est bien réalisé, les coutures sont régulières et continues.

ATTENTION

Il arrive que des fabricants peu scrupuleux imitent le montage Goodyear avec des coutures purement décoratives. Inspectez toujours attentivement les chaussures.

— *Le cousu norvégien*

Le cousu norvégien, utilisé pour sa robustesse sur le style combat boots par Heschung notamment, repose sur un principe similaire, mais avec deux coutures à l'extérieur de la chaussure.

SI UN FABRICANT ACCORDE DU SOIN AUX NOMBREUX DÉTAILS PEU VISIBLES, ALORS DES CHOSES PLUS FONDAMENTALES COMME LA QUALITÉ DU CUIR ET DU MONTAGE SERONT ÉGALEMENT BIEN RÉALISÉES.

CHECK-UP DES DÉTAILS : LES INDICES DE LA QUALITÉ

Outre le montage et le cuir, la qualité d'une paire de chaussures se ressent à l'attention portée aux détails. On peut en effet penser que si un fabricant accorde un soin aux nombreux détails peu visibles, alors des choses plus fondamentales comme la qualité du cuir et du montage seront également bien réalisées.

• **Les coutures** qui permettent d'assembler différentes pièces de cuir doivent être nettes. Les points de couture sont bien alignés, avec une fréquence régulière. Plus il y a de points de couture au centimètre, plus la finition est bonne. Notez aussi qu'une double couture, c'est-à-dire deux lignes de couture parallèles, sera plus solide qu'une ligne simple.

On doit aussi observer des points d'arrêt, sorte de coutures renforcées, aux endroits où des tensions s'exercent sur la chaussure.

• **Les perforations,** utilisées souvent pour les Richelieu et les Derby, doivent être bien nettes : si vous voyez des trous irréguliers avec des bouts de cuir qui y sont accrochés, pas la peine de s'attarder. Par ailleurs, elles ne doivent pas être trop grossières, car cela n'est pas élégant, et surtout car cela pourrait fragiliser le cuir s'il venait à se détendre. Au niveau des lacets, l'idéal est d'avoir un œillet en métal autour du trou sur l'intérieur de la chaussure pour en assurer la solidité... bien que ce soit un détail que l'on ne trouve que sur du haut de gamme.

• **L'intérieur de la chaussure** renferme lui aussi quelques indices. Une doublure en cuir sur les parois de la chaussure et par-dessus la semelle est un bon signe. Encore plus si cette doublure couvre l'intégralité de la semelle, et pas uniquement la moitié du pied.

• **Un dernier point essentiel : les contreforts.** Cela désigne les couches qui sont rajoutées sur les côtés et surtout sur l'arrière de la chaussure au niveau du talon (zones de frottement) pour renforcer le cuir. Ainsi en appuyant sur ces zones, vous devez sentir que c'est solide, voire bien dur au talon, et que cela ne se déforme pas.

Une paire bien cirée au bout glacé apporte un cachet indéniable. Notez que les chaussures marron ressortent mieux avec un pantalon gris.

CHOISIR DES CHAUSSURES À SA TAILLE

Il y a clairement un moment de la journée durant lequel il est conseillé d'essayer des chaussures, et c'est plutôt le matin. Ou alors le samedi après-midi lors de votre première sortie... Non, nous ne cherchons pas à vous compliquer la vie, mais en fin de journée (et surtout en semaine), le pied est éprouvé par la marche et l'activité en général. Par conséquent, il peut être gonflé ou un peu déformé par la chaussure que vous portez, ce qui n'est pas l'idéal pour l'essayage.

Une fois en magasin, la chaussure de vos rêves aux pieds, vous commencez à ressentir une certaine douleur : la chaussure est raide. Et là, c'est inévitable : "cela se détend, ne vous inquiétez pas", dit le vendeur tout sourire. Mais vous vous souvenez parfaitement de la paire de chaussures qu'un de vos amis avait achetée un peu serrée pour en finir au plus vite de la tournée des boutiques, et qu'il n'a jamais reportée ! Alors qui croire ? Eh bien, les deux sont vrais.

Le cuir est une matière qui se détend, donc vous gagnerez en confort au niveau de la hauteur de la chaussure, ainsi qu'en souplesse avec l'usure de la semelle. Les cousus Goodyear sont les plus raides à l'achat. Par contre, dans tous les cas, en longueur, ce n'est pas la peine d'y compter, cela ne bougera pas. Pour les chaussures décontractées (tennis, desert boots...), vous vous sentirez probablement à l'aise dès l'essayage, car elles sont par définition moins raides.

Enfin, il vous faudra essayer les deux pieds, assis bien sûr, mais surtout debout, et faire quelques pas avec !

IMPORTANT

Essayez toujours, juste au cas où, la pointure d'en dessous. Et si un doute subsiste sur la taille, choisissez la pointure la plus petite, car la chaussure se détend toujours légèrement. Notez aussi qu'une chaussure un peu trop grande peut être compensée en rajoutant une semelle à l'intérieur : on gagne ainsi une demi-pointure.

Chapitre 13

LES SNEAKERS : UN PEU DE RÉPIT POUR VOS PIEDS

Vous ne pouvez pas porter vos chaussures de ville tous les jours. En premier lieu, vous risquez de développer des problèmes de dos parce que les chocs de la marche ne sont pas aussi bien absorbés qu'avec des sneakers. En outre, il faut alterner les chaussures que vous portez pour laisser le cuir respirer et retrouver sa forme. Dans cette optique, porter des sneakers de temps à autre est plus qu'une bonne idée.

Décontractées et confortables, elles ont des caractéristiques similaires aux baskets, le côté stylé en plus. Rappelons que les chaussures de running sont réservées au sport, mais aussi que vos sneakers n'apprécieront pas si vous les forcez à jouer au foot. Les usages des sneakers et des baskets ne se recouvrent pas !

ATTENTION

Ce n'est pas parce que les sneakers sont des chaussures décontractées que vous pouvez choisir n'importe lesquelles. Car trouver des sneakers adaptées à votre âge et votre style requiert un peu d'expérience.

SUGGESTIONS

— Des German Army Trainers (25 €)
— Des Nike Dunk repeintes par l'enseigne 180g (180 €)
— Des 0044 (250 €)
— Des low tops Lanvin en suède bleu nuit (300 €)
— Des National Standard (180 €)
— Des Margiela version mid boot (450 €)
— Des Low Ball Common Projects (150 €)

LES SNEAKERS : EST-CE POUR VOUS ?

La question revient souvent. Elle mérite donc d'être traitée. Alors voici un petit question-réponse sur les sneakers :

"Je pensais que ce livre allait développer mon style, et non me dire de porter des baskets !"
Les deux ne s'opposent en rien. À condition de se mettre d'accord sur ce que l'on appelle baskets. Ce que nous voyons ici, ce n'est pas comment porter des chaussures de sport. Parce que soyons clairs tout de suite : vos vieilles runnings n'ont pas leur place en dehors de la salle de gym ou du footing dominical. Certes, les sneakers sont des chaussures sportives stylisées, mais en dehors de cela et de leur relatif confort, elles n'ont rien à voir avec vos chaussures de course. Leur usage est exclusivement urbain, et elles offrent des pistes stylistiques tout à fait intéressantes : ce n'est pas un hasard si tous les designers sortent aujourd'hui les leurs.

"J'ai 40 ans, je ne risque pas d'avoir l'air d'un adolescent attardé ?"
À moins que vous soyez encore fan des chaussures Batman, vous savez, celles avec les scratchs, non. Plus sérieusement, il existe aujourd'hui des sneakers pour tous les âges. Certaines sont hyper sobres et n'ont rien à voir avec des Nike Air ou des Converse plus adaptées à la vingtaine. Alors à moins que vous ne soyez dans la quarantaine bien installée, les sneakers restent d'actualité.

"J'évolue dans un milieu très formel. Des sneakers, d'accord, mais pour quoi faire ?"
Nous ne voyons pas pourquoi votre profession devrait dicter votre code vestimentaire du week-end. Et à notre connaissance, on peut porter des sneakers dans tous les milieux sociaux... à condition de le faire proprement. Bien qu'issues de la culture streetwear, les sneakers s'intègrent aisément à des styles très matures, voire habillés. Si le modèle est suffisamment discret, il donnera à une tenue trop stricte une touche de décontraction bienvenue. À vrai dire, cette manie de réutiliser l'habillement professionnel (costume, chemise, chaussures en cuir formelles) le soir ou le week-end peut plus facilement passer pour un manque de savoir-vivre que le fait de sortir ses sneakers pour aller au cinéma. Alors soyez sympa avec vos pieds, en dehors de l'opéra ou des restaurants chics, offrez-leur des sneakers.

COMMENT CHOISIR SES SNEAKERS ?

— *Quelques éléments pour bien choisir*

Comme nous l'avons dit précédemment, les sneakers ne sont pas (ou tout du moins plus) des chaussures de sport. Laissez donc vos baskets de tennis, course, basket-ball au vestiaire. C'est le faux pas que l'on rencontre le plus souvent.

Une autre erreur encore plus répandue consiste à porter ses sneakers en cuir marron ou noir, qui reproduisent un peu le design des chaussures de ville. Ceci est ABSOLUMENT à bannir. Celles-ci n'ont rien de classe. Si vous avez besoin de chaussures habillées, alors achetez de vraies chaussures habillées. Idem pour les sneakers. Ne faites pas dans le multi-usage censé satisfaire toutes vos envies : votre style n'est pas un fast-food.

Ceci étant dit, voyons maintenant comment trouver une belle paire de sneakers. Choisissez-les sobres, discrètes, mais racées. Comme pour les vêtements, évitez les couleurs brillantes, les logos, les imprimés et les designs trop chargés. Les couleurs neutres sont encore une fois les plus adaptées : gris, crème, voire bleu ou blanc. Contrairement aux idées reçues, nous vous déconseillons fortement le noir, qui est bien moins polyvalent que vous pouvez le penser.

La forme a bien évidemment son importance. Ne prenez pas des chaussures trop massives. Préférez quelque chose d'aérien et d'élancé : elles doivent être l'extension de vos jambes. Personnellement, nous préférons les sneakers avec des semelles blanches, car cela tend à souligner leur design. À propos, vous pouvez évaluer la qualité des chaussures en vous fiant à leurs semelles : celles des sneakers haut de gamme sont à la fois collées ET cousues.

Pour évaluer la qualité des sneakers du milieu de gamme, c'est un peu plus compliqué, car la semelle est a priori uniquement collée. Voici tout de même quelques astuces pour vous aider :

• Le collage a été fait proprement, et on ne retrouve pas de colle sur la chaussure.
• La construction de la chaussure est régulière et uniforme.
• La semelle est parfaitement solidaire à la chaussure quand vous la pliez perpendiculairement.

Sur une bonne paire de sneakers montantes, le pantalon se pose parfaitement sur la languette, laissant apparaître le design de la chaussure.

— *Low tops ou high tops ?*

Passons maintenant à la question fatidique : faut-il prendre des sneakers normales (low tops) ou montantes (high tops) ?

Les low tops sont les plus faciles à porter. Vous pouvez les combiner avec des pantalons présentant des ouvertures aux pieds comprises entre 20 et 22 cm, c'est-à-dire allant du semi-slim à la coupe droite. Veillez à ce que l'ouverture du pantalon soit proportionnelle à la taille des sneakers :

• une ouverture trop large couvrirait les sneakers et créerait une cassure dans la silhouette,
• une ouverture trop resserrée agrandirait visuellement la taille de vos pieds.

Les high tops sont bien plus compliquées à porter. Déjà, nous les déconseillons fortement aux personnes sous les 1,70 m, car elles tendent visuellement à raccourcir les jambes. Si vous êtes dans ce cas de figure, vous conviendrez que c'est la dernière chose dont vous avez besoin.

Si vous voulez toutefois en porter (d'ailleurs nous y encourageons tous les autres), elles permettront de construire des tenues plus stylées. Contrairement aux low tops, il faudra les porter avec des pantalons aux ouvertures très resserrées, en dessous de 21 cm. Cela vous permettra de rentrer le pantalon dans les high tops et de bénéficier d'un joli effet de stacking (plis qui s'empilent au niveau du mollet).

LA SÉLECTION

— *Moins de 50 euros*

Pas évident de trouver des chaussures correctes et originales à ce prix-là. En effet, la construction de sneakers nécessite un savoir-faire qui dépasse les compétences des Bensimon et autres Victoria, cantonnés à la fabrication de baskets en toile toutes simples. Toutefois, les friperies ou certaines marques historiques comme Converse et Vans sont dignes d'intérêt.

• **Chaussures d'entraînement de l'armée :** type German Army Trainers (GAT) ou tennis de la marine italienne. Il faudra s'orienter du côté des friperies ou des dépôts militaires.

• **Converse Chuck Taylor ou Jack Purcell :** très bon design, prix raisonnable et large choix de coloris.

• **Vans Era :** un bon compromis par rapport aux Converse, mais évitez leur gamme Syndicate, et ne choisissez surtout pas celles arborant cet horrible tissu à carreaux. La marque pousse aujourd'hui vers le haut de gamme, et des efforts sensibles ont été apportés à la qualité des produits.

Contrairement à ce que l'on pourrait croire, une paire de sneakers haut de gamme peut très bien se porter avec un pantalon habillé. Et n'hésitez pas à porter vos sneakers un peu usées.

— *Entre 50 et 150 euros*

Entre 50 et 150 € se concentre le gros de l'offre de sneakers. Il y a beaucoup de choses assez mauvaises, mais les marques historiques (Nike, Adidas, Puma) maintiennent le niveau et d'autres viennent les challenger.

• **Nike :** Nike réédite régulièrement ses modèles vintage (Nike Dunk, Blazer, Air Force, Terminator, Vandal) pour une bonne et simple raison : leur design n'a pas vieilli. Si vous voulez tout de même quelque chose de plus moderne, alors il vous reste les Nike Toki (qui ressemblent aux chukkas) et les Nike Janoski (inspirées par les chaussures bateau).

• **Adidas :** comme pour Nike, il faudra chercher dans les gammes vintage (Adidas Originals) ou s'intéresser aux vieux modèles qui ont fait le succès de la marque (Superstar, Stan Smith, Forum, Campus, Gazelle).

• **Puma :** il y a beaucoup moins de choses intéressantes, mais certains modèles, vintage encore une fois, méritent votre attention. Nous pensons notamment à la Lifestyle Classic et à la Super CC.

• **Supra :** la forme est bonne, les matériaux aussi. Nous vous suggérons en particulier leurs high tops Skytop et Vaider.

DÉCONTRACTÉES
ET CONFORTABLES,
ELLES ONT
DES CARACTÉRISTIQUES
SIMILAIRES
AUX BASKETS, LE CÔTÉ
STYLÉ EN PLUS.

Il est possible de choisir des sneakers au design très simple, mais arrangez-vous pour que les matières et les couleurs soient travaillées.

Au début, vous pouvez rester sur des couleurs simples, comme du blanc, du beige et du gris.

— *Entre 150 et 300 euros*

Dans cette fourchette, on commence à trouver des pièces vraiment qualitatives, avec des designs soignés que l'on ne voit pas ailleurs.

• **Android :** des sneakers de luxe à un prix encore abordable, et présentant de très bonnes finitions. Côté design, cela ressemble un peu à du Lanvin, mais avec plus de scratchs.

• **National Standard :** marque française qui propose des sneakers sans prétention avec un rapport qualité/prix imbattable.

• **All Saints :** de bonnes sneakers également, à un prix imbattable pendant les soldes.

• **Nike Air Jordan :** c'est le haut de gamme de Nike. Même sans être dans le trip basket-ball, il faut avouer qu'elles ont un design vraiment unique et que la fabrication est bonne. Nos préférences vont pour les séries 1, 2, 3, 5, 6, 7, 8 et 11.

• **Supra :** Supra propose aussi des sneakers premium, mais la différence se paye. Nous aimons beaucoup les modèles TK et Skytop 2.

• **Wing + Horns :** marque canadienne qui propose des sneakers vraiment jolies, dans des qualités proches de celles de Lanvin, Givenchy et autres ténors de la catégorie.

• **Common Project :** elles passent totalement sous le radar avec leur design très sobre qui les fait un peu ressembler aux Converse ou aux chukkas. Le prix peut être dissuasif, mais la qualité est vraiment impressionnante.

— *Au-delà de 300 euros*

Au-delà de ce plafond, on entre dans l'univers des sneakers de designer. Les prix peuvent paraître indécents, mais un réel travail est apporté au design et à la qualité.

Nous tenons aussi à préciser qu'en suivant nos conseils, vous réaliserez des économies sensibles en les achetant souvent deux ou trois fois moins cher. Toutefois, même à prix cassés, faites attention à ne pas céder aux achats impulsifs. Nous prenons volontairement les sneakers comme exemple pour vous mettre en garde, car nous avons autour de nous des amis qui sont passés d'amateurs à... collectionneurs.

Nos designers et marques préférés de sneakers sont Lanvin, Kris Van Assche, Giuliano Fujiwara, Dior Homme, Neil Barrett, Maison Martin Margiela, Pierre Hardy, Balenciaga, Givenchy et Yves Saint Laurent.

FAUT-IL ENTRETENIR SES SNEAKERS ?

Les sneakers sont des chaussures casual et doivent être portées de manière tout aussi casual, c'est-à-dire un peu sales. Sauf cas particulier (des low tops Lanvin avec un costume par exemple), il est tout à fait acceptable d'avoir des sneakers un peu poussiéreuses avec quelques égratignures. À ce propos, ne lacez pas vos sneakers trop serrées. Vous gagnerez en confort et favoriserez l'aspect décontracté de votre style.

Bien sûr, il ne s'agit pas de les maculer de boue et de cambouis, mais ce qui est certain, c'est que des sneakers trop propres donneront l'impression que vous sortez tout juste des soldes. Comme vous l'imaginez, cela ne favorise pas l'aisance naturelle que nous recherchons dans une tenue.

En conclusion, laissez vos sneakers vivre leur vie et passez-leur simplement un coup de chiffon humide quand elles sont trop sales. Si elles sont en cuir, un peu de crème nourrissante, comme pour les chaussures habillées, ne leur fera pas de mal de temps à autre.

Les sneakers basses sont très faciles à porter, surtout avec une tenue décontractée.

LES CHAUSSURES D'ÉTÉ

De même qu'en été on préfère porter des cotons légers ou des mélanges à base de lin, il est aussi agréable de pouvoir passer sur des chaussures plus légères et plus décontractées que d'habitude.

Et c'est très facile. Une paire de petites tennis basses, blanches ou colorées, dans l'esprit des célèbres Marcel Chunky (Lacoste), passeront bien avec un pantalon clair (que ce soit jean ou toile) et même avec un bermuda !

Idem pour les espadrilles, qui sont très confortables et intéressantes pour leur semelle en corde. Par contre, ne les mettez que pour une balade ou une soirée entre copains, car elles sont quand même bien peu formelles.

Enfin, pour ces deux styles de chaussures du week-end, vous pouvez roulotter le pantalon au-dessus de la cheville : l'idée est d'être à l'aise quand il fait chaud.

ATTENTION

Quand vous portez des espadrilles, suivez de près la météo : la semelle se ruine vite si elle prend l'eau, car elle s'infiltre dans la corde et la fait pourrir.

LES SNEAKERS SONT DES CHAUSSURES CASUAL ET DOIVENT ÊTRE PORTÉES DE MANIÈRE TOUT AUSSI CASUAL, C'EST-À-DIRE UN PEU SALES.

Si vous êtes passionné de sneakers, n'hésitez pas à choisir des couleurs vives, afin de donner une touche jeune et colorée à votre tenue.

ENTRETIEN

RÉMI DE LAQUINTANE ET MATHIEU DE MÉNONVILLE,

MELINDA GLOSS

Pourquoi avoir fondé une marque ?
Nous avons créé Melinda Gloss il y a quelques années alors que nous étudiions la philosophie. L'idée nous est apparue tout simplement, nous souhaitions proposer un vestiaire créatif, exigeant et aussi accessible que peuvent être des produits de qualité.

Comment trouvez-vous les idées pour les collections de Melinda Gloss ?
On crée d'abord ce que l'on veut porter, on construit les collections avant tout à partir d'un désir personnel. Une fois que la ligne directrice d'une saison est établie, on recherche les matières, couleurs, formes qui s'inscrivent dans cette direction. C'est comme cela que naissent un premier moodboard et une première ébauche du plan de collection.

Quelle importance accordez-vous au choix des matières ?
Pour nous, les matières sont primordiales, c'est ce qui compose le vêtement et donc, techniquement, c'est son point de départ. Au-delà de ces aspects évidents (texture, couleur, motif), il faut regarder la construction d'un tissu et sa composition. Il existe par exemple des centaines de manières différentes de tisser de la laine, qui auront un impact sur le toucher de la pièce, son mouvement, son volume et la manière dont elle évoluera dans le temps.

Quelles sont les matières les plus originales que vous utilisez ?
Notre base de matières est naturelle (mérinos, soie, yak, mohair, etc.). Mais on obtient une grande diversité avec la construction de ces éléments, et en les mélangeant entre eux. Ensuite il nous arrive de les faire contraster avec des matières radicalement opposées, comme le Néoprène pour l'été 2014.

Comment reconnaissez-vous une belle matière ?
Au toucher avant tout. Une belle matière peut se découvrir les yeux fermés. Ce n'est pas tant une question de technique que de sensibilité, cela vient donc naturellement avec le temps.

Est-ce que c'est possible d'être créatif dans sa manière de s'habiller sans avoir l'air d'un clown ?
C'est exactement ce que nous essayons de proposer ! On peut naturellement être créatif sans être complètement extravagant. Les plus belles œuvres d'art ne sont pas forcément celles qui sont les plus voyantes, c'est aussi vrai dans la mode. Être créatif, c'est avant tout être singulier. Il faut sans cesse revenir à soi, à ses goûts, à ses sensibilités.

Comment être bien habillé en restant sur des pièces très casual (polo, tee-shirt, pull, chemise dans des matières souples sans tenue) ?
Certaines pièces casual peuvent être très belles ; là encore, tout dépend des matières… Ensuite, il est possible de les mettre en valeur en les faisant contraster avec d'autres pièces. Entre une silhouette formelle et une silhouette casual, il y a beaucoup d'intermédiaires. Il est important de se donner le droit de composer son vestiaire en mélangeant les codes.

Question à un million de dollars : qui est cette fameuse Melinda ?
Personne ne l'a jamais su, l'histoire change si souvent !

Pour accéder à la vidéo : bngl.fr/mathieu

Mathieu incarne avec perfection l'ADN de sa marque : des vêtements casual parfaitement coupés et dans des matières travaillées.

Les matériaux bruts et nobles de la boutique rue Madame sont également dans la continuité de la marque.

ALLER PLUS LOIN SUR LE CHEMIN DU STYLE

KIEHL'S
FACIAL FUEL
TRANSFORMER
WOOL FAT
SHAVING SOAP
ORIGINAL 1893 FORMULA
PREPARED WITH
NATURAL LANOLIN
BRADFORD YORKSHIRE
ENGLAND
MITCHELL'S

STYLES, MATIÈRES, COULEURS : TOUT EST UNE QUESTION DE CONTRASTES

Pour comprendre une tenue (et pour ensuite vous en inspirer), vous devez la déconstruire sur trois niveaux différents.

Le premier est celui des contrastes de styles. Le deuxième, le plus simple à comprendre, est celui des contrastes de matières. Le troisième, le plus visible, mais pas le plus prioritaire, est celui des contrastes de couleurs.

Une tenue bien construite repose sur l'utilisation de ces contrastes. C'est également en jouant sur ces contrastes que vous pouvez obtenir des styles plus pointus, ou encore mettre en valeur telle ou telle partie du corps (voire contrebalancer : si vous avez des petites jambes, ces contrastes permettent de détourner l'attention et d'allonger visuellement les jambes, par exemple).

ATTENTION

Ces trois contrastes servent à déconstruire mentalement des tenues qui vous plaisent, pour acquérir des réflexes. Non pas à composer votre tenue devant votre miroir le matin, sinon vous allez tout droit à la sur-intellectualisation de la mode masculine ("Ma tenue réunit-elle les trois contrastes ? Est-elle assez élaborée ?").

LES CONTRASTES DE STYLES

Le premier contraste est le contraste de styles. On a tous déjà croisé une tenue sympa qui avait vraiment ce petit quelque chose en plus... C'était très probablement parce qu'elle présentait un contraste de styles !

D'ailleurs, la majeure partie des tenues des magazines de mode repose sur ce principe assez simple à comprendre : opposer du formel et du structuré à de l'informel et du décontracté. Ce concept simple ouvre de nombreuses possibilités :

- des sneakers (pièce décontractée) avec un pantalon en laine (pièce formelle) et un tee-shirt (pièce décontractée),
- un tee-shirt travaillé (pièce décontractée) avec une veste (pièce formelle),
- une chemise et une veste (pièces formelles) avec une écharpe décontractée et colorée (accessoire décontracté),
- un gros cardigan col châle (pièce classique et intemporelle) avec un tee-shirt (pièce décontractée),
- une chemise légère et fluide (pièce décontractée) avec une veste grise très sobre (pièce formelle),
- une chemise à carreaux et une cravate en laine tricotée (deux pièces relativement casual, nous disons bien "relativement") avec une veste hyper sobre et simple (pièce formelle),
- un chino et des sneakers sobres (pièces décontractées) avec une chemise, une cravate et une veste (pièces formelles),
- une veste militaire (pièce ultra casual) portée avec une très belle chemise et une cravate (pièces très structurées),
- un costume en coton (pièce formelle, mais avec un côté décontracté présent) avec des sneakers sobres (pièce décontractée).

Nous ne pouvons que vous encourager à expérimenter ce contraste pendant vos passages en boutique : par exemple, si vous êtes entré avec une tenue sobre et formelle, essayez une écharpe colorée. Si vous avez une tenue totalement décontractée (blouson, jean, tee-shirt et sneakers), essayez un blazer ou un pantalon plus habillé.

Nous vous assurons que vous allez avoir de nouvelles idées. Et c'est ce dont vous aurez besoin, car souvent on manque un peu de créativité pour mélanger les pièces au début. Créativité qui s'aiguise à travers des essayages en boutique et devant votre miroir.

Il y a cependant quelques précautions à prendre au niveau des chaussures. En effet, des chaussures très formelles de type Richelieu ou Derby ne pourront pas s'accommoder d'un tee-shirt porté sans veste.

De même, porter un costume avec des sneakers est un peu compliqué, à moins d'avoir des sneakers haut de gamme aux matières nobles bien travaillées (Lanvin s'est fait une spécialité de mixer costumes et sneakers pour ceux que cela intéresse). Mixer une grosse paire de work-boots avec des pièces très habillées est franchement difficile pour un débutant.

Les contrastes de styles sont donc à prendre au cas par cas, il faut expérimenter par petite touche et garder ce qui fonctionne.

Et que se passe-t-il quand on veut jouer à fond la carte d'un style habillé ou décontracté ? Comment ajouter ce petit truc en plus quand on ne peut pas utiliser de contraste de styles ? C'est ce que nous allons voir avec le contraste de matières...

LA MAJEURE PARTIE DES TENUES DES MAGAZINES DE MODE REPOSE SUR CE PRINCIPE ASSEZ SIMPLE À COMPRENDRE : OPPOSER DU FORMEL ET DU STRUCTURÉ À DE L'INFORMEL ET DU DÉCONTRACTÉ.

On a ici un contraste de styles très marqué, avec une chemise et une cravate habillées et des chaussures beaucoup plus sauvages portées avec un pantalon en molleton.

LES CONTRASTES DE MATIÈRES

Le contraste au sein d'un look peut aussi provenir d'un jeu entre les matières. Là où une tenue composée d'une seule et même matière (généralement des toiles de coton) peut paraître trop lisse, rajouter un vêtement en maille, une pièce en cuir ou une toile de jean donne plus de corps et de consistance.

Ces contrastes de matières peuvent être de différentes natures.

— *Matières lisses contre matières brutes*

Vous pouvez juxtaposer des matières lisses comme la popeline de coton et le jersey d'un tee-shirt à d'autres plus brutes comme une épaisse toile de jean, une flanelle de laine ou, mieux, un vêtement en lin. Les accessoires et les détails peuvent également apporter un aspect brut : c'est le cas d'un foulard en lin, ou encore de boutons en bois ou en corne sur une veste.

— *Matières mates contre matières brillantes*

Autre bonne idée à garder en tête : jouer sur la manière dont les matières réfléchissent la lumière. Cela fonctionne particulièrement bien sur des matières qui ont par ailleurs des couleurs proches. L'exemple qui marche le mieux, c'est celui du tee-shirt gris anthracite sous une veste en cuir noir.

ASTUCE

Votre barbe (ou peau) et vos cheveux ont également des textures qui leur sont propres : n'hésitez pas à les prendre en compte !

— *Matières uniformes contre matières texturées*

Même principe, mais en jouant sur les textures, comme en opposant un cuir lisse et un cuir grainé. C'est aussi le cas quand on porte deux pièces en maille dans des épaisseurs de maille différentes (souvent, on retrouve ce genre d'effet au sein d'une même pièce).

Nous attirons toutefois votre attention sur la qualité des matières. Ces jeux de contrastes mettent en valeur différentes matières en les opposant. C'est très pratique si vous portez de belles matières, mais cela devient vite une catastrophe quand le contraste révèle un cuir de mauvaise qualité ou un coton aux couleurs ternes.

Enfin, n'en faites pas trop avec les contrastes si vous jouez déjà sur les couleurs. Prenez plutôt le parti de la subtilité en faisant contraster des matières dont les couleurs appartiennent à la même palette, voire forment un camaïeu (dégradé de couleurs du clair au foncé).

LES CONTRASTES DE COULEURS

Enfin, il y a le contraste de couleurs, très simple à comprendre, et qui consiste comme vous l'aurez compris à opposer deux couleurs différentes.

Mais il ne s'agit pas de faire n'importe quoi en se contentant d'opposer des couleurs, car trop de couleurs annulent la couleur. Pour un résultat efficace, nous vous conseillons de partir sur des couleurs sobres (dont le gris qui est très utile) et d'y injecter une touche de couleur qui tranche un peu. Par exemple :

- une veste grise avec une écharpe très colorée,
- un pantalon gris avec une pièce d'un beau marron fauve,
- un tee-shirt blanc/une chemise en oxford bleue avec un chino plus coloré.

Nous insistons sur l'utilité de la couleur grise, car c'est une couleur qui permet d'encadrer et de calmer très facilement des couleurs plus vives. Le beige et le blanc cassé jouent eux aussi ce rôle.

Si la tenue est globalement d'un style décontracté et baroudeur, on remarque d'intéressants contrastes entre la matière du jean en coton, celle du blouson, la laine du col, le cuir sur les bords et le soyeux de l'écharpe.

Cette tenue repose sur des contrastes. Contraste de coupe avec un pull ajusté, mais un pantalon ample. Contraste entre matières brutes et soyeuses. Et contraste de couleurs, bien sûr.

Nous en avons parlé plus en détails dans le chapitre sur la couleur, mais n'hésitez pas à reproduire entre deux couleurs le degré de contraste qui existe naturellement entre votre peau et la couleur de vos cheveux. Nous parlons ici des tonalités de couleurs (du foncé au clair), mais pas de la couleur elle-même (gris, vert, bleu...).

Nous insistons également sur le fait que les couleurs doivent venir intuitivement. Si le choix de la couleur d'une chemise entraîne un interminable débat avec vous-même, c'est que vous réfléchissez déjà trop !

DES ACCESSOIRES PAS ACCESSOIRES

Les accessoires ne sont pas censés être remarqués d'entrée de jeu : leur rôle est plutôt de soutenir la tenue en lui apportant du caractère.

C'est pourquoi ils ne devraient jamais être ostentatoires ou véhiculer une trop forte impression de richesse.

LES ÉCHARPES ET LES FOULARDS

La manière la plus simple pour accessoiriser une tenue est de lui adjoindre une écharpe en hiver, et un chèche ou un foulard en été. L'effet décontracté est immédiat. Et c'est tout simplement un accessoire agréable à porter.

Pour les écharpes d'hiver, assurez-vous toujours qu'elles soient assez chaudes, et suffisamment longues pour pouvoir être enroulées au moins deux fois autour de votre cou. Comme les saisons froides ne sont pas forcément caractérisées par les tenues les plus colorées, choisissez des écharpes plutôt sobres, dans des matières comme la laine ou le coton.

Un exercice amusant consiste à se mettre devant le miroir, et à déterminer toutes les façons possibles de nouer une écharpe. À condition de la choisir suffisamment longue. Cela vous permettra d'influer sur le formalisme de la tenue.

En été, vous aurez beaucoup plus de liberté. Orientez-vous simplement vers des matériaux suffisamment aérés et légers pour ne pas transpirer tout en restant protégé du soleil : coton, lin, soie. Nous vous recommandons particulièrement les chèches des Touaregs : ils sont d'un bleu exceptionnellement profond qui apporte une touche d'exotisme appréciable. En outre, ils sont suffisamment longs pour être portés de différentes façons. Si vous avez la chance de voyager en Afrique du Nord, essayez d'en trouver. Sinon, vous pourrez vous en procurer dans les boutiques ethnico-bobo des grandes villes françaises. Et pour en finir avec les chèches, les surplus militaires sont évidemment tout indiqués.

ASTUCES

01

Jetez toujours un œil aux rayons femme des magasins.
Les écharpes y sont plus volumineuses, larges et longues, ce qui permet de les porter de manière plus originale. Et elles sont souvent moins chères.

02

Dans les friperies, on trouve des foulards à foison.
Il faut bien chercher avant d'en trouver un qui puisse s'intégrer à une garde-robe masculine, mais cela vaut le coup, car on s'en tire toujours pour moins de 5€.

Vous trouverez des écharpes intéressantes chez Sandro, Zara, H&M et MUJI. Si vous visez du haut de gamme, alors il faut absolument que vous découvriez les écharpes Faliero Sarti. Leurs matières sont incroyablement douces et leurs couleurs magnifiques. Mais vous allez vite vous rendre compte que la perfection a un prix : elles sont outrageusement chères !

N'ayez pas peur des écharpes colorées, elles permettent de donner un peu de spontanéité à une tenue.

LES BRACELETS ET LES PENDENTIFS

Les bracelets sont de plus en plus portés par les hommes. Encore une fois, la discrétion est de mise, alors on oublie d'emblée les "bracelets de force" et les gourmettes en argent. À l'opposé, inutile de porter des objets au design trop recherché.

All Saints et MOGO proposent des items intéressants sur leurs sites web. Certains de nos amis ont trouvé les leurs en Thaïlande ou au Tibet : ils sont magnifiques bien que très simples. Et c'est tout de même plus sympa d'avoir une histoire à raconter sur l'objet que de répondre qu'on l'a commandé sur Internet ! Dans la même optique, les boutiques ethniques peuvent présenter un intérêt.

L'exercice des pendentifs est beaucoup plus périlleux. Bien sûr, vous aurez deviné que nous ne cautionnons pas les chaînettes en argent et ce genre de choses... Mais ce n'est rien à côté des pendentifs du *Seigneur des Anneaux*. Franchement, êtes-vous un hobbit ?

Nous vous conseillons donc d'éviter les pendentifs, au moins au début, tant ceux vraiment valables sont rares. Cela demande beaucoup de temps et d'expérience pour en trouver un qui en vaille la peine et savoir comment le porter. C'est un exercice à traiter au cas par cas.

Les fripes un peu arty (comme Noir Kennedy à Paris) ou les marques un peu dark (type All Saints, Damir Doma, Goti) peuvent donner de bons résultats.

Sur des tenues décontractées, un bracelet et une montre sont des petits plus très sympathiques.

Un bracelet en cuir fin et discret est très facile à porter avec de nombreuses tenues.

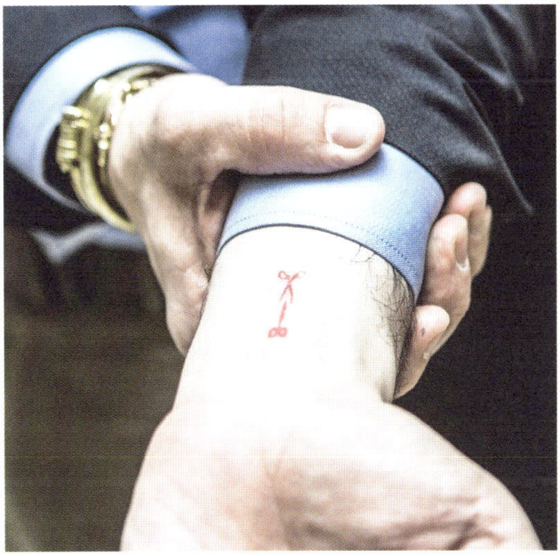

Un tatouage doit refléter a minima vos goûts ou votre style de vie. Ici, on découvre celui de Benoit Carpentier, créateur de la marque de vêtements Marchand Drapier : il s'est fait tatouer son logo.

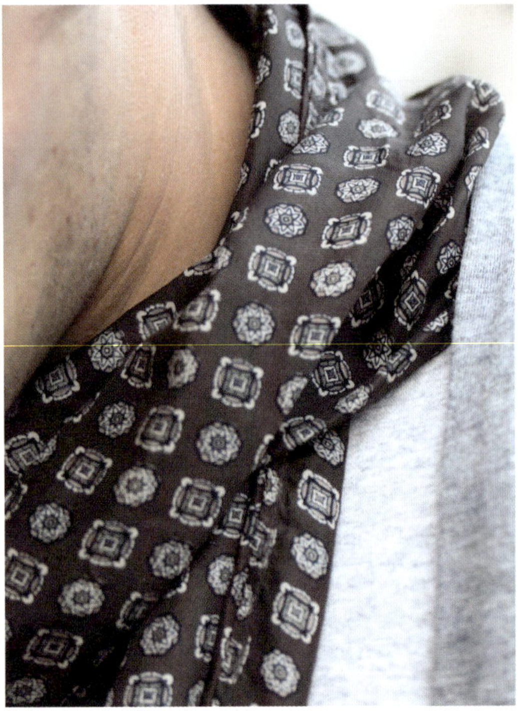

Ne soyez pas intimidé par un foulard à motif, c'est plus facile à porter que l'on ne le pense.

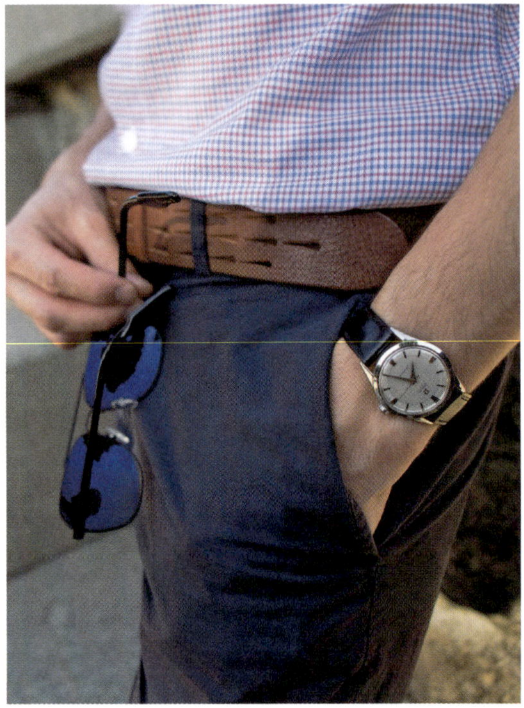

Les couleurs de cette tenue sont très simples, mais la montre vintage et la ceinture y ajoutent une touche unique.

Clarent ne se sépare jamais de son carnet et de son stylo, pensez-y si vous êtes du genre à avoir des idées au fil de la journée…

Une grande écharpe d'été, fine et légère, ajoute du volume au torse.

Chapitre 3

LES LUNETTES : AYEZ L'ŒIL DE LYNX

LES LUNETTES DE SOLEIL

S'il y a bien un accessoire sous-estimé, ce sont les lunettes de soleil. Leur impact sur le charisme d'un homme est conséquent, elles protègent aussi vos yeux du soleil, ajoutent une touche unique à votre style et pourtant, la plupart des hommes ne prennent même pas la peine d'acheter une paire décente.

Ou alors, ils essayent d'acheter le moins cher possible des lunettes achetées dans les chaînes de magasin de sport ou des solaires trouvées sur un marché et vendues moins de 5 €. Au passage, ces lunettes sont réellement dangereuses pour la santé, car leur protection anti-UV disparaît complètement au bout de trois ou quatre mois (soit un été).

Avec un peu de budget, les hommes se tournent souvent vers une paire de Ray-Ban vue et revue. Certains achètent même de la contrefaçon, extrêmement nocive pour leurs yeux.

De l'autre côté du spectre, il y a ce marché des lunettes de grandes maisons de luxe dont les prix dépassent allègrement les 300 €. Il n'est donc pas évident de s'y repérer. Afin de bien comprendre pourquoi il existe de tels prix, il est d'abord nécessaire d'expliquer certaines choses.

SUR UNE PAIRE À 300 € DE GRAND COUTURIER, VOUS PAYEZ PRINCIPALEMENT UN DESIGN ET UNE QUALITÉ TRÈS STANDARD.

— *L'offre du marché en lunettes*

Le marché de la lunette de soleil est fascinant. Peu de personnes le savent, mais il n'y a que trois compagnies qui se disputent cet énorme gâteau à un niveau mondial :

• Luxottica à qui appartient Ray-Ban, Persol ou encore Chanel, Oliver Peoples, Mosley Tribes, Dolce&Gabbana, Versace… C'est une entreprise qui a raflé bon nombre de grosses licences.
• Safilo qui fabrique les lunettes de Dior, Saint Laurent, Carrera, Gucci ou encore Bottega Veneta. Et ce n'est qu'un aperçu du portefeuille de marques appartenant à ce groupe.
• Marcolin, qui possède les licences Tom Ford, Balenciaga, Diesel ou encore Roberto Cavalli…
• Et enfin, tout un écosystème de petites marques entièrement consacrées à la lunetterie, qui n'ont évidemment pas la puissance de feu d'un grand groupe mondial, et qui ne peuvent qu'investir dans la qualité.

Cela a pour conséquence d'impacter très fortement les prix. En effet, ces trois compagnies contrôlent complètement le marché de la solaire, et ce dans presque toutes les gammes de prix. Ajoutez à cela des licences considérables à amortir (avoir le droit d'apposer le nom Tom Ford coûte une fortune pour Marcolin), et vous obtenez des lunettes de soleil dont le prix est complètement détaché de la qualité. Une paire de solaires de grands couturiers atteint très facilement les 300 €, et, pour couronner le tout, elles ne sont que rarement soldées !

Concrètement, sur une paire à 300 € de grand couturier, vous payez principalement un design et une qualité très standard : il y a du plastique (et non de l'acétate), les soudures sont à peine soignées, et c'est un simple acier qui est utilisé. Bref, la qualité de ces paires de grandes maisons de luxe est très correcte, mais n'a absolument rien d'exceptionnel.

C'est pour cette raison que nous préférons recommander des marques qui ne font que des lunettes et rien d'autre, sûrement pas des vêtements et du parfum à côté.

Évidemment, nous ne sommes pas contre une belle paire de solaires Gucci, car comme nous l'avons souligné, les designs sont très soignés chez les grandes marques de luxe, mais ne vous attendez pas à une qualité spécialement plus élevée qu'une paire de Ray-Ban (dont la construction est particulièrement robuste au regard du prix).

Si vous avez des cheveux bien fournis, n'hésitez à choisir des lunettes avec des verres assez volumineux.

Même si vous choisissez des lunettes assez fines, elles doivent toujours couvrir vos sourcils.

Cette paire de lunettes convient parfaitement à Vianney, car la forme des verres est en adéquation avec sa coiffure, et la couleur des branches avec celle de ses cheveux.

— *Comment choisir ses lunettes de soleil*

Il existe de nombreuses théories dont notamment celle de choisir en fonction de la forme du visage : tel visage ovale devra prendre telle paire, tel visage triangulaire devra plutôt choisir tel type de forme, etc.

Nous allons être honnêtes avec vous : nous ne croyons pas le moins du monde à l'efficacité de ces théories, qui ne font que compliquer les choses. En effet, il est franchement difficile de déterminer soi-même la forme de son visage : est-il ovale, triangulaire... ?

En outre, il faut prendre en compte la forme des lunettes de soleil, car par exemple, toutes les aviators ne se valent pas. De même, la largeur des lunettes joue énormément, quelle que soit la forme du visage. Tous ces éléments rendent définitivement difficile le choix d'une paire en se basant sur la forme du visage. Voilà pourquoi nous ne parlerons pas de formes de visage dans les lignes qui suivent.

Deuxième point important : pourquoi est-il parfois si difficile de choisir une paire ? Parce que vous cherchez à tout prix à trancher si la paire vous va ou pas. S'enfermer dans un jugement binaire est très mauvais et source de dilemmes intérieurs inutiles. Voilà pourquoi nous vous recommandons plutot de considérer que certaines paires vous vont plus ou moins bien que d'autres. Une paire peut très bien vous aller, ou moyennement, ou pas du tout. C'est de cette manière que vous devez raisonner, et non avec un réducteur "beau / pas beau". Être plus souple dans votre jugement vous soulagera considérablement, croyez-en notre expérience.

Et enfin, vous devez accepter une chose : une belle paire de lunettes polarise forcément les avis, fût-elle parfaitement choisie pour votre visage. Certains vont adorer la forme vintage et la monture de vos solaires pendant que d'autres trouveront que vous ressemblez à un jet-setteur en train de boire un magnum de champagne. D'aucuns pourront apprécier l'efficacité d'une paire de Ray-Ban sur votre nez, pendant que d'autres les trouveront vues et revues. Mais heureusement, la plupart du temps, la proportion de retours positifs est bien plus supérieure que les mauvais retours quand la paire est bien choisie.

— *Les points essentiels*

Que faire face au mur de lunettes de soleil de votre opticien ? Il n'y a qu'une seule solution envisageable : essayez beaucoup de paires, dans plusieurs gammes de prix (et surtout dans le haut de gamme, là où les formes sont bien plus soignées). Il ne s'agit pas d'essayer cinq ou dix paires, mais vingt ou vingt-cinq, dont au moins la moitié dans du haut de gamme. C'est le seul moyen de comprendre au fur et à mesure les formes qui vous vont vraiment. Faites-vous accompagner d'un ami ayant du goût, car un regard extérieur est indispensable.

On l'a compris, l'essayage en quantité et en qualité de différentes paires est la clé pour trouver LA paire. Voici aussi quelques règles assez simples à avoir en tête :

- Les lunettes de soleil doivent couvrir vos sourcils.
- Attention aux branches qui ne doivent pas trop comprimer vos tempes.
- Plus vos cheveux sont foncés, plus votre monture doit l'être aussi, surtout si elle est epaisse. Ne cherchez pas absolument à avoir une couleur de monture qui corresponde parfaitement à vos cheveux, mais gardez ceci dans un coin de votre tête.
- À ce propos, plus la couleur de la monture contraste avec votre peau et vos cheveux, plus la forme se remarque, soyez donc prudent de ce côté...
- La forme doit être un minimum proportionnelle à votre physique. Si vous êtes un grand maigre, il est déconseillé de choisir des énormes verres (contrairement à un physique imposant).
- Fuyez les logos trop voyants !
- L'utilisation de titane n'est réservée qu'à des paires haut de gamme et est une garantie d'une belle fabrication.

ASTUCE

Les chaînes d'optique situées dans les centres commerciaux ont généralement une sélection un peu trop mainstream et fade, nous vous conseillons donc très fortement de vous tourner vers des opticiens indépendants.

— *Le budget*

Quel est donc le budget à consacrer à une belle paire de solaires ? Il y a quelque chose de fondamental à considérer en premier : si vous êtes du genre à perdre vos lunettes de soleil chaque été ou pas. Nous avons des amis qui ne peuvent s'empêcher d'égarer ou d'abîmer leurs solaires chaque été et d'autres qui conservent au fil des années leur paire en parfait état.

Cela est important, car à quoi bon investir 100, 200 ou 300 € dans une paire qui sera égarée au bout de six mois ? Si vous êtes de ceux-là, il y a deux possibilités :

- Aller dans une chaîne de PAP grand public et prendre une paire qui vous fera un été. Il y a toujours un modèle très correct chez H&M ou Celio.

- Faire un tour dans un surplus militaire et regarder les lunettes de pilote, robustes, simples et peu onéreuses.

Pour les autres, voici où aller dans les différentes gammes de prix :

- En milieu de gamme, Ray-Ban et Persol règnent en maîtres (et appartiennent au même groupe au passage). Les Ray-Ban sont devenues assez banales, nous vous conseillerons donc de vous tourner vers Persol, marque aux modèles plus racés. Dans la même gamme de prix, citons Jimmy Fairly, petite marque française au rapport qualité / prix absolument excellent (une paire de solaires coûte moins de 100 € la plupart du temps). Citons également RetroSuperFuture, Moscot, Gentle Monster, Garrett Leight, L.G.R, Illesteva ou encore Mosley Tribes...

- En haut de gamme, vers 300 € de budget, le choix est royal. Nous avons beaucoup d'attachement pour la marque Dita, mais n'oublions pas Oliver Peoples, Mykita, Barton Perreira ou Cutler and Gross... Mais il y a aussi de jolies choses chez Tom Ford, Dior Homme ou Gucci, même si la qualité est souvent un petit cran en dessous d'une marque de lunettes *pure player*.

QUEL EST DONC LE BUDGET À CONSACRER À UNE BELLE PAIRE DE SOLAIRES ? AVANT DE RÉPONDRE, UNE QUESTION FONDAMENTALE : ÊTES-VOUS DU GENRE À PERDRE VOS LUNETTES DE SOLEIL CHAQUE ÉTÉ OU PAS ?

Geoffrey, qui a un visage assez fin, a dû se tourner vers un modèle de lunettes moins large que la moyenne.

LES LUNETTES DE VUE

Un mot, pour finir, sur les lunettes de vue, car beaucoup d'hommes en portent.

Certains optent pour des lentilles souples. Ce n'est pas si cher à l'année, et cela vous évite de vous poser la question des lunettes de vue ! Si, pour des préférences de goût ou des raisons médicales, vous ne voulez pas vous mettre aux lentilles, sachez que les lunettes de vue aussi doivent être choisies avec attention.

Tout d'abord, arrêtez d'être gêné par le fait de porter des lunettes. L'erreur courante consiste à complexer d'en mettre et les conséquences ne sont pas très heureuses... Les hommes dans ce cas-là les choisissent les plus fines et les moins voyantes possible. Et c'est précisément pour cette raison qu'ils ressemblent à des geeks timides.

Pourtant, cet accessoire (oui, c'en est un) revient en force, et nous connaissons même des personnes travaillant dans la mode qui en portent de fausses. Alors assumez vos lunettes : ne les choisissez pas impersonnelles. Ce serait le choix par excellence de l'homme timide et peu sûr de lui.

Trouvez-vous une paire au design bien affirmé, en suivant le guide d'achat des lunettes de soleil (qui est aussi valable ici). Optez pour un cadre noir, marron ou couleur écaille : vous ne le regretterez pas.

ASSUMEZ VOS LUNETTES : NE LES CHOISISSEZ PAS IMPERSONNELLES. TROUVEZ-VOUS UNE PAIRE AU DESIGN BIEN AFFIRMÉ.

Florian, qui a une belle épaisseur de cheveux, peut se permettre de choisir des montures plus épaisses et racées.

Contrairement à une paire de solaires, des lunettes de vue doivent laisser apparaître vos sourcils.

PEAU ET CHEVEUX : IL N'Y A PAS QUE LES VÊTEMENTS

Il est tentant de penser que les conseils en style se limitent aux vêtements purs et durs. Pourtant, nous avons vu nombre de looks qui fonctionnaient très bien grâce à une barbe taillée spécifiquement et une coiffure particulière, pour peu que les bases vestimentaires soient respectées.

La barbe et les cheveux sont donc deux éléments très forts à considérer presque comme des vêtements à part entière. Quant au visage, vous aurez beau avoir le plus beau costume du monde, si vous affichez une peau grasse ou terne, cela impactera négativement votre look.

PRENDRE SOIN DE SA PEAU SANS EXCÈS DE ZÈLE

Tous les hommes ne sont pas égaux face aux problèmes de peau. Certains sont nés avec une peau parfaite et ne souffriront jamais d'acné, d'autres doivent prendre soin d'eux quotidiennement tout en évitant poils incarnés et psoriasis. Mais ce n'est pas une raison pour baisser les bras si c'est votre cas, vous pouvez vous en sortir avec un minimum d'efforts.

Voici quelques tuyaux pour avoir une belle peau :

- Nettoyez votre visage matin et soir avec une solution adapté au visage. Attention, deux lavages du visage par jour peuvent dessécher votre peau, à vous de trouver la bonne fréquence.
- Quand vous vous rasez, faites-le avec une lame affûtée et une mousse de composition simple. Du savon de barbier fait aussi très bien l'affaire.
- Après le rasage, laissez tomber les eaux de Cologne ou les solutions après-rasage pleines de menthol qui vous dessèchent la peau. Contentez-vous d'hydrater.
- De manière générale, après chaque nettoyage ou rasage, hydratez avec une crème.
- Sachez qu'en parapharmacie, il existe quantité de produits très efficaces et peu chers, contrairement aux produits de grandes maisons ultra marketés.

Notez aussi que les problèmes de peau que vous rencontrez sont très souvent liés à votre hygiène de vie. Si vous mangez sainement, vous réglerez déjà une partie du problème. En effet, votre façon de manger influe énormément sur votre teint via la sécrétion de sébum (qui rend la peau grasse) à un point que vous ne soupçonnez même pas. Le manque de sommeil vous fait quant à lui des yeux fatigués et ternes. Inutile d'espérer avoir un regard vif si vous avez passé votre nuit à regarder l'intégrale de *Lost*!

Notez également que tripoter sa peau ou ses boutons toute la journée n'arrange pas la situation, bien au contraire !

Pour finir, il est vrai que la situation demeure dramatique chez certains, et ne peut se régler avec une réponse conventionnelle. Si vous faites face à des problèmes d'irritations ou d'acné récurrents, ne gâchez pas votre argent en produits paramédicaux et prenez directement rendez-vous avec un dermatologue. Un professionnel éradiquera votre acné à tout jamais et en très peu de temps, avec des solutions éprouvées et reconnues.

LES CHEVEUX : UN VÊTEMENT À PART

Vos cheveux sont aussi importants que vos vêtements. D'un point de vue stylistique, vous devriez même considérer que vos cheveux SONT un vêtement. Et cela s'applique aussi à la barbe. Ce point de vue implique d'évaluer votre coiffure à la lumière des textures, des coupes et du soin. Nous n'allons pas nous étaler sur le sujet, mais simplement vous donner quelques bons conseils à suivre.

— *Se faire conseiller*

La première chose à faire est de vous demander si votre coupe actuelle vous convient. Si la réponse est non, alors faire un saut chez un coiffeur visagiste peut être une option. Nous insistons bien sur la compétence de visagiste, déterminante ici.

L'objectif n'est pas tant d'obtenir une belle coupe de cheveux que de bénéficier des conseils d'un expert qui prendra le temps de vous observer et de déterminer quelle coupe sera adaptée à votre visage. Cette consultation vous reviendra un peu plus cher que si vous allez chez un coiffeur habituel, mais vous bénéficierez d'une réelle expertise.

L'idée sous-jacente est de tirer parti de cette compétence de visagiste pour collecter un maximum d'informations sur ce qui vous va ou non, ce qui vous permettra ensuite de donner les bonnes recommandations à un coiffeur classique, moins cher.

Aussi n'hésitez pas à poser toutes les questions qui vous passent par la tête :

- Quelle est la coupe de cheveux la plus adaptée à mon visage ?
- Que me conseillez-vous ?
- Sur quelle partie de la coupe les cheveux devraient-ils être plus courts ?
- Comment me coiffer le matin ? Est-ce que vous avez des astuces ?
- Quels produits utiliser ?

Et pour chaque question, n'hésitez pas à approfondir.

Un détail qui présage du meilleur : les coiffeurs les plus doués ne coupent jamais vos cheveux après avoir fait un shampooing. De ce fait, ils travaillent littéralement en direct sur la coupe, sans mauvaise surprise quand les cheveux sécheront.

À la suite de votre séance chez le visagiste, vous devriez être capable d'expliquer à un bon coiffeur comment vous coiffer.

Vous trouverez sur Internet l'adresse du coiffeur visagiste le plus proche de chez vous. Si vous habitez dans une petite ville et que la tâche est compliquée, ne vous tracassez pas et choisissez simplement un coiffeur haut de gamme. Dans tous les cas, fuyez les chaînes de coiffure comme la peste. Les coiffeurs y reçoivent des instructions pour réaliser les coupes avec un minimum de coups de ciseaux en un minimum de temps. Les coupes y sont génériques, et la forme de votre visage n'est donc pas prise en compte.

Une coupe de cheveux originale fait partie intégrante de la tenue. Cela peut même devenir la signature de vos looks.

ASTUCE

Si vous souhaitez découvrir d'autres adresses, nous avons un petit tuyau. Dans les émissions de relooking diffusées à la télévision, vous trouverez dans le générique de fin toutes les adresses des coiffeurs professionnels qui interviennent dans l'émission du jour.
Et croyez-nous, ils sont extrêmement doués. C'est une façon pratique d'enrichir votre carnet d'adresses avec des pointures du milieu.

— *Choisir une coupe de cheveux et de barbe*

Nous pensons sincèrement que la recherche de la coiffure et de la barbe parfaites est aussi importante que celle d'une veste parfaitement coupée ou des souliers dont vous rêvez. Vous pouvez négliger votre coiffure et la taille de votre barbe, les rendre décontractées ou plus formelles et rigoureuses. D'ailleurs, chez les hommes de plus de 30 ans, il y a clairement une carte à jouer de ce côté-là (ou du moins, à optimiser). Tommy Ton, photographe bien connu de chez *GQ*, s'est d'ailleurs fait une spécialité de capturer ces looks d'hommes matures.

Par exemple, les cheveux longs sont difficiles à bien porter, mais ils peuvent donner des looks particulièrement efficaces avec des pièces "tailleurs" (costume, blazer). D'autres encore peuvent avoir une coiffure très structurée, mais une barbe qui va contraster avec le reste. On peut pousser un cran plus loin en ajoutant une paire de lunettes de soleil qui va définitivement décontracter le reste.

Nous ne pouvons pas vous dire si vous avez intérêt à avoir des cheveux longs ou courts, car cela dépend avant tout de vous, et de l'image que vous avez de vous-même. Par contre, nous pouvons vous lister quelques faux pas à éviter :

- Attention aux coupes avec des côtés très rasés et un peu de volume sur le haut du crâne. Soit elle est franchement connotée "banlieue", soit elle est portée par des hommes au style très pointu et qui jouent sur le côté vintage. Dans les deux cas, tout le monde n'est pas capable de s'y frotter...
- Même si Brad Pitt a souvent une barbe taillée en bouc, nous vous déconseillons de faire de même. Nous parlons ici du bouc avec les joues complètement rasées. Pour revenir à Brad Pitt, certes il a un bouc, mais il a aussi une coiffure hyper travaillée, des lunettes de soleil haut de gamme et des vêtements très pointus. Rien à voir avec un look de tous les jours !
- À éviter à tout prix : le bouc "geek", à savoir une barbe complètement rasée où ne subsiste qu'un îlot de poils sur le bas du menton.
- Se laisser pousser la barbe à fond, pourquoi pas, mais pensez à bien la délimiter afin de garder un côté "propre sur vous".
- Si vous avez les cheveux courts (pas plus de 2 cm) et qu'ils sont relativement raides, évitez de les laisser tels quels sur le haut du front (Franck Ribéry le fait très souvent, ce n'est vraiment pas beau), et arrangez-vous pour sculpter vos cheveux avec un peu d'argile.

Pour le reste, considérez vos cheveux comme un vêtement à part entière avec lequel vous pouvez faire quelques contrastes. Exemple : une coupe un peu négligée, mais une veste et une chemise très structurées. Il y a des tonnes de possibilités, à vous de chercher ce que vous voulez être, comme toujours.

4 ÉTAPES POUR SE COIFFER
— *Comme Édouard Baer*

Ce genre de coiffure *out of the bed* est très en vogue en ce moment, on nous demande parfois comment la réaliser. C'est en fait assez simple :

1. Après vous être lavé les cheveux, utilisez une laque épaississante comme celle de chez Thickr ou Nioxin.
2. Séchez à la serviette jusqu'à ce que les cheveux soient quasiment secs.
3. Utilisez une cire ou de l'argile coiffante (effet mat), comme Maneuver ou Rough Clay de Redken en l'appliquant vers l'arrière. Ramenez ensuite les mèches de cheveux comme vous le sentez.
4. Rabattez les cheveux des côtés derrière les oreilles.

— *Prendre soin de ses cheveux*

Toujours chez le visagiste, ou chez un bon coiffeur, soyez curieux quant aux produits qui peuvent vous être utiles. Les cires, par exemple, sont parfaites pour apporter une dernière touche de style à une coupe bien exécutée. Retenez aussi les marques que votre coiffeur utilise : il y a de grandes chances pour que vous puissiez ensuite les acheter en ligne à moindre coût. En matière de produits, les femmes ont accès à un choix titanesque. Pour les hommes, c'est plus compliqué, mais on retiendra les marques Sebastian, Redken et Wella.

Une coiffure impeccablement maîtrisée et une barbe bien entretenue participent à un style décontracté, mais élégant.

— *Laver ses cheveux*

On ne choisit pas son shampooing au hasard : tout dépend de la nature de ses cheveux (secs, gras, rebelles, peu volumineux) et de son cuir chevelu (sec, gras, sensible, présence de pellicules). Vous pouvez demander conseil à votre coiffeur, mais aussi à votre pharmacien. Si vous avez des pellicules, le shampooing Head & Shoulders offre de bons résultats. Mais si celles-ci persistent, ne comptez pas sur les gadgets marketing et pseudo-innovations censées les faire disparaître. Allez directement voir un dermatologue, qui vous prescrira un traitement.

Pour vous coiffer et structurer votre coupe, évitez à tout prix les gels qui rendent les cheveux huileux, et dont l'effet mouillé était à la mode au collège. Passé 18 ans, vous n'êtes plus sérieux avec une masse de gel à effet mouillé sur la tête. Et personne ne voudra y mettre les mains ! C'est pourquoi vous devez vous orienter vers des pâtes coiffantes comme l'argile et la cire. La PlayBall Deviation Paste de L'Oréal est un produit de référence. Il vous suffira d'en mettre une noisette sur votre doigt et de frotter cette pâte sur les paumes de vos mains pendant cinq secondes avant de structurer votre coupe de cheveux comme si vous vous massiez le cuir chevelu.

ASTUCE

Quelques recettes de grand-mère : huile d'olive, œufs, bière peuvent tout à fait remplacer votre après-shampooing !

TECHNIQUES AVANCÉES : QUE LA FORCE SOIT AVEC VOUS

Il existe de nombreuses techniques pour faire passer votre style de simplement bon à exceptionnel. Les maîtriser, c'est ajouter de nouvelles cordes à votre arc.

Elles demandent de la patience, car il faut bien connaître sa propre morphologie et l'incidence des vêtements sur la silhouette avant d'en user efficacement. Certes, des coupes et des assemblages plus complexes feront la différence, mais gardez en tête que vos tenues doivent concorder avec vos goûts, et que vous devez vous sentir bien dans vos vêtements. Dès que vous maîtriserez ces nouveaux pouvoirs, vous pourrez réellement vous exprimer à travers le style.

LES CONTRASTES DE COUPES

Jouer sur les oppositions de coupes pour structurer ou déstructurer la silhouette est une forme de contraste que nous n'avons pas encore abordée. L'idée est simple : les coupes peuvent s'opposer sur différents critères : structuré / fluide ; fitté / loose, minimaliste / détaillé ; grand / petit.

À vous de mettre en place les bonnes oppositions aux bons endroits pour mettre en valeur votre morphologie.

- **Structuré vs fluide :** un pantalon cigarette avec une veste sans padding, un blazer avec un sweat pant (sorte de pantalon de jogging)…
- **Fitté vs loose :** un tee-shirt ajusté avec un pantalon jodhpur, un blazer par-dessus un tee-shirt drapé, un tee-shirt ajusté sous une chemise ouverte…
- **Minimaliste vs détaillé :** un tee-shirt uni avec un jean déchiré, un pantalon en laine rentré dans des sneakers un peu originales…
- **Grand vs petit :** une écharpe oversized ou un pantalon oversized type skater avec un haut ajusté.

Quand vous empilez plusieurs vêtements, faites en sorte que chacun soit bien visible pour donner du corps à votre tenue.

Ici, c'est le pantalon roulotté laissant bien apparaître les bottines qui donne une touche d'originalité au look.

LE DRAPÉ

L'effet drapé amène de la douceur et de la rondeur dans une tenue. Il consiste à jouer avec les volumes et le tissu superflu pour aboutir à des effets semblables à ceux des toges romaines. Les vêtements appropriés à ce dessein seront donc choisis loose, suffisamment fluides et destructurés (c'est-à-dire sans padding ou autre élément structurant interne au vêtement).

Les vêtements adaptés au drapé sont généralement faits de matières extensibles, et sont en principe plus longs que la moyenne. Cela s'explique par le fait que le drapé s'obtient en twistant le vêtement autour du corps de manière à obtenir de jolis plis horizontaux. Et c'est l'extensibilité du vêtement qui lui permet de rester en place une fois positionné. Hélas, les vêtements présentant ces caractéristiques sont rares : Ann Demeulemeester, Julius, Rick Owens, Damir Doma. En outre, leurs matières sont très sophistiquées, et les prix s'alignent en conséquence. On pourra tout de même s'orienter vers All Saints… ou prier pour une bonne surprise chez Topman ou Zara.

Pour terminer avec le drapé, une mise en garde : ce style n'ira pas à tout le monde. Il confère un côté féminin au look. Il faudra donc bien viriliser les tenues avec des pièces masculines, et si possible structurées, comme des blazers aux épaules bien carrées, des vestes en cuir, des jeans coupe droite et des bottines à bouts ronds.

LES VÊTEMENTS ADAPTÉS AU DRAPÉ SONT GÉNÉRALEMENT FAITS DE MATIÈRES EXTENSIBLES, ET SONT EN PRINCIPE PLUS LONGS QUE LA MOYENNE.

Un haut très ajusté avec un bas ample constituent un style difficile à maîtriser, car extrêmement pointu. Ici la silhouette joue également sur les drapés.

L'ASYMÉTRIE

Qui a dit que les côtés gauche et droit d'une tenue devaient être identiques ? Un peu d'asymétrie dans un look apporte une touche sophistiquée et un style plus architectural avec des effets sur les formes. D'autant que les seules lignes de fuite verticales et horizontales ont un côté monotone à la longue.

Tenir son sac dans une main est un moyen très simple de casser la symétrie dans une tenue.

7 MANIÈRES DE CASSER LA SYMÉTRIE

1. LA NATURE MÊME DES VÊTEMENTS : COLS, ZIPS, POCHES, COUPES ASYMÉTRIQUES.
2. LE DRAPÉ QUE NOUS VENONS DE VOIR.
3. UNE COUPE DE CHEVEUX ASYMÉTRIQUE.
4. LES MANCHES REMONTÉES À DES HAUTEURS LÉGÈREMENT DIFFÉRENTES.
5. LE PAN D'UNE ÉCHARPE D'UN SEUL CÔTÉ.
6. UN CARRÉ DE SOIE DANS LA POCHE DU BLAZER.
7. LE BOUT DE LA CEINTURE QUI PEND D'UN CÔTÉ.

Les accessoires de poignet ou la présence d'une poche poitrine sur la chemise renforcent encore l'asymétrie.

LE LAYERING

Le layering consiste à porter de manière apparente plusieurs couches de vêtements (*layers* en anglais). Une tenue bien construite comporte idéalement deux ou trois couches, ce qui a pour effet de donner de la consistance et de la richesse à votre style.

C'est une technique que nous utilisons beaucoup dans le coaching en look, car elle permet autant d'étoffer les silhouettes menues que de détourner l'attention du ventre et des hanches des physiques plus corpulents.

Enfin, le layering est tout simplement pratique, car il tient chaud en hiver. Les couches de vêtements emprisonnent de l'air, et trois couches protègent finalement mieux qu'une seule trois fois plus grosse. Attention toutefois à ne pas empiler des couches trop épaisses, ou trop de couches. Trois couches d'épaisseur moyenne, c'est largement suffisant. En rajouter aboutirait rapidement à une impression de surpoids.

Voici les trois grands principes à retenir et appliquer quand on superpose des vêtements :

	EN DESSOUS	AU-DESSUS
COUPE	VÊTEMENTS LONGS	VÊTEMENTS COURTS
MATIÈRES	FINES ET DOUCES	ÉPAISSES ET BRUTES
COULEURS	TONS CLAIRS	TONS SOMBRES

Ceci étant dit, amusez-vous à jouer sur les contrastes de styles, de matières et de couleurs, pour obtenir des looks plus naturels et détendus. Vous pouvez aussi incorporer des pièces avec des détails sympas, comme des chemises avec des cols officiers, ou jouer sur la transparence de certaines matières (mailles larges, tee-shirts très fins).

Les couleurs pastel et toutes les autres couleurs douces et neutres (gris, crème, taupe, sable) passent très bien en layering. Elles ne sont ni trop brillantes ni trop saturées en couleur, ce qui permet d'empiler les couches harmonieusement, comme si tout était un seul et même vêtement. À l'inverse, des couleurs fortes comme le blanc, le noir ou le bleu marine engendreront autant de points d'attention qui éclipseront les couleurs plus douces. Mais cela peut aussi être un parti pris si vous savez ce que vous faites.

Comme on peut le voir ici, un blouson peut très joliment se superposer à un cardigan au col châle, lui-même porté par-dessus un pull à la couleur sobre, avec une chemise en dessous.

— *Idées pour un layering efficace*

Pour démarrer, vous pouvez empiler :

- Un tee-shirt col V gris chiné sous une chemise bleue avec les trois boutons du haut ouverts. Les tee-shirts scoop-necks (cols en U) sont aussi une piste. Ensuite, roulottez les manches de la chemise et portez-la au-dessus du pantalon pour un look estival.
- Une chemise blanche sous un pull à col V. Ici nous vous conseillons une encolure du pull suffisamment profonde pour éviter un effet trop formel.
- Une chemise beige sous un cardigan kaki, lui-même sous un blazer gris anthracite.

Pour plus d'originalité, nous vous engageons aussi à essayer :

- Deux tee-shirts à col V de profondeurs légèrement différentes, voire un col V avec un scoop-neck.
- Une chemise gris clair, sous un hoodie d'un gris intermédiaire, avec par-dessus une écharpe bleu marine.
- Un marcel blanc sous un hoodie bleu clair laissé ouvert, sous un blazer bleu marine.

Si vous êtes à la recherche d'autres idées, regardez le défilé printemps-été 2009 de Burberry Prorsum. Toute la collection jouait sur du layering associant des couleurs pastel très subtiles aux profonds tons métalliques de pièces décontractées.

ASTUCE

Vous pouvez combiner plusieurs tons de couleurs similaires pour obtenir un élégant camaïeu. Mais n'associez pas des couleurs trop proches, car vous risquez de masquer les contrastes entre couches, ce qui détruirait l'effet visuel du layering.

Il existe des marques et des designers qui se sont fait une spécialité des empilements de vêtements. Nous pensons tout particulièrement à IKKS (mais pas toujours qualitatif), Phillip Lim, Rick Owens. Mais sachez que COS, Alternative Apparel, Kowtow, Unconditional et les marques scandinaves Filippa K, Acne et Our Legacy proposent eux aussi des vêtements adéquats.

Le layering jusque dans les moindres détails : le col de la chemise a les mêmes proportions que le col du cardigan. Et les matières offrent un contraste de textures et de couleurs.

LES TWISTS

Un twist est un détournement d'une pièce classique. C'est une légère impertinence face à l'ordre établi, un petit acte de rébellion, qui rappelle subtilement aux autres que vous êtes capable de vous affranchir des règles.

Certains vêtements présentent naturellement des twists. Prenez par exemple les blazers Melinda Gloss avec des vestes munies de boutons en bois, les hoodies B:Scott aux cols très travaillés ou les pantalons en laine Marc Jacobs coupés comme des jeans. Ils représentent une opportunité de se différencier, même si c'est surtout le designer qui fait ici un pied de nez aux standards.

Vous pouvez vous-même détourner les vêtements à travers leur utilisation, en brisant certaines règles :

- Désassortir un accessoire. Par exemple, si vous portez un costume bleu nuit avec une cravate assortie et une chemise bleu ciel, vous pouvez ajouter une pochette à motifs verts et marron.
- Ignorer un formalisme. Porter une montre colorée un peu extravagante avec un costume.
- Négliger un vêtement. Ne pas remonter les deux manches d'une chemise exactement au même niveau.

Parfois, c'est dans la coupe d'une pièce que se trouve le twist, comme ce short dont la fourche est très basse.

NOTE

Attention tout de même à ne pas aller trop loin, et à être irréprochable par ailleurs. D'un twist trop grossier, il ne reste que du mauvais goût.

Le short type sarouel est difficile à porter, car il faut forcément des pièces très fortes à côté. À déconseiller pour les débutants !

UN STYLE NÉGLIGÉ… MAIS AVEC ART

ÉLÉGANCE ET NONCHALANCE

Question digne d'un Trivial Pursuit : qu'est-ce que la *sprezzatura* ? Non, ce n'est pas un plat italien, mais plutôt un terme de l'aristocratie italienne qui désigne le fait d'accomplir quelque chose sans effort manifeste. Appliqué à la mode, on pourrait appeler cela de l'élégance nonchalante. C'est la tentative délibérée de rendre le look naturel. C'est la quête de la décontraction parfaite, tout en feignant l'indifférence à l'apparence.

C'est un peu comme si vous passiez un quart d'heure face au miroir de la salle de bains pour trouver la coiffure *out of the bed* parfaite, ou que vous refassiez quinze fois le nœud de votre écharpe, jusqu'à ce que l'on ait l'impression qu'elle est tombée toute seule sur vos épaules, comme cela, l'air de rien. Et tout cela en restant exigeant avec vous-même ! Il faut parfaitement maîtriser les fondamentaux pour s'autoriser ce genre d'excentricité. Ou le négligé passera pour de la négligence…

La chemise sortie du pantalon et les combat boots cassent complètement le côté propre et sage de cette tenue.

NE NÉGLIGEZ PAS LE NÉGLIGÉ

Nous aimons beaucoup la *sprezzatura*, car ce principe porte tout ce qu'une tenue doit véhiculer : un mélange de décontraction et de sophistication, de style et de naturel. Garder ce principe en tête, c'est prendre l'assurance de ne jamais être trop habillé ou d'avoir un look trop apprêté. Car si l'on remarque que vous avez passé une heure ce matin devant le miroir pour arriver à un résultat trop propre, c'est que votre style est tombé sur le mauvais versant et qu'il sillonne joyeusement la vallée de l'artificiel.

La *sprezzatura*, c'est aussi une question de confiance en soi. Si vous vous sentez bien dans vos vêtements, si vous ne trichez pas (trop) avec votre apparence, alors vous paraissez à l'aise avec votre style et tout simplement dans votre vie. Aucun problème donc pour vous attarder un peu sur les détails quand vous vous habillez le matin, mais interdiction formelle d'y passer plus de cinq minutes. Ne devenez pas un maniaque du contrôle de l'apparence.

Nous déconseillons en général de porter un haut plus sombre que le bas, mais quand tout est parfaitement coupé et que les pièces sont de qualité, il y a de belles choses à faire !

Le jean délavé et troué, avec le revers bien visible, et les accessoires rendent la tenue plus authentique, en l'imprégnant d'un vécu. Le tee-shirt un peu délavé contribue à donner une touche de négligé.

UN ÉTAT D'ESPRIT À ATTEINDRE

Enfin, la *sprezzatura* est un état d'esprit. C'est la volonté d'en montrer le moins possible, à la fois par modestie… et par orgueil : il s'agit de préserver votre mystère. Si l'on vous demande en société où vous avez acheté votre costume, répondez que vous ne vous en souvenez plus vraiment, mais que vous croyez que c'était dans cette boutique, quelque part dans cette rue. Et si l'on vous complimente sur un vêtement, ne sautez pas à pieds joints dans les explications : esquissez un sourire et dites merci. C'est tout.

Préservez le mystère. Croyez-en notre expérience, pas toujours heureuse : il vaut mieux être vu comme le "mec qui a ce petit truc en plus dans son style" que le "geek de la mode".

"OH, MERCI.
J'AI SIMPLEMENT PASSÉ
LA PREMIÈRE CHEMISE
QUE J'AI TROUVÉE
SUR MA TABLE DE NUIT
CE MATIN."

BEAU BRUMMELL

(CÉLÈBRE DANDY ANGLAIS)

Les sneakers négligemment lacées et le jean usé contribuent beaucoup à l'effet savamment négligé de cette tenue.

Par trente degrés, Alexandre joue la décontraction à fond : espadrilles, short militaire, casquette et tee-shirt légèrement trop grand. À ne tenter que si vous avez suffisamment de basiques !

POUR UN LOOK DÉCONTRACTÉ

TÊTE

Des cheveux en bataille (utilisez de la cire).

Une barbe de trois jours (voire un peu moins).

ACCESSOIRES

Une écharpe nouée avec nonchalance.

Un accessoire qui n'est pas coordonné avec la tenue ou qui ne respecte pas son formalisme.

Une excentricité sentimentale, comme la vieille ceinture de votre père, ou un foulard de votre mère porté comme un carré dans la poche de votre blazer.

Un livre ou un journal qui dépasse de la poche de votre manteau.

VÊTEMENTS

Une pièce un peu usée, ou légèrement désuète.

Un jean un peu trop grand pour vous.

Les manches d'un blazer remontées (ne faites pas cela avec des vêtements neufs !).

Un bouton de chemise défait de plus que d'habitude.

CHAUSSURES

Des sneakers claires un peu sales.

Des chaussures de ville qui n'ont pas été nettoyées depuis une semaine.

DÉTOURNEZ VOS VÊTEMENTS SANS SORTIE DE PISTE

Vous venez de passer l'après-midi dans les magasins et vous rentrez chez vous, les mains chargées de sacs. Dans chacun d'eux, de magnifiques pièces pour soigner votre style de la tête aux pieds, que vous avez achetées en suivant les conseils que nous vous avons dispensés dans cet ouvrage.

Réflexe de base : vous les réessayez devant votre miroir, au calme. Comme pour vous rassurer, vous refaites cet essayage tranquillement, sans l'œil expert du vendeur qui vous guette et le regard des autres clients de la boutique dans lequel vous essayez de déchiffrer un quelconque avis. Et là, surprise ! Alors que vous étiez certain de vos achats, de nombreuses interrogations surgissent ! Des questions auxquelles nous allons tenter de répondre dans ce chapitre.

LA CHEMISE

La chemise est la pièce qui génère le plus d'interrogations. En effet, elle peut à elle seule vous donner la migraine. En guise de traitement, voici quelques conseils sur la manière de la porter. Ces recommandations sont à suivre de près si vous souhaitez tirer profit au maximum du produit que vous venez d'acquérir.

— *L'homme doit-il rentrer sa chemise dans le pantalon ?*

Éternelle question ! Certainement celle qui revient le plus souvent. Bien entendu, nous parlons de chemises manches longues (la question ne se pose même pas pour une chemisette, voyons !).

Avant toute chose, il convient de rappeler qu'il n'y a pas de vérité absolue en matière de mode. Tout dépend d'un nombre de facteurs plus ou moins définis (type de pantalon, style que vous recherchez, longueur de la chemise, morphologie...). Bien prétentieux est celui qui affirme détenir la vérité, toute la vérité et rien que la vérité. Voilà notre point de vue :

• Avec un pantalon taille haute, le principal risque est que la chemise ressorte à moitié... Effet "parachute" assuré pour un résultat visuel désastreux.

• Pour garder une belle silhouette et par souci d'équilibre, préférez garder votre chemise en dehors de votre pantalon si vous avez des hanches un peu larges.

• Enfin, si la chemise est un peu courte et arrive à peu près à mi-ceinture, n'essayez pas de la rentrer ; vous risqueriez de passer votre journée la main dans votre pantalon pour la replacer (en vain, bien évidemment). Pas idéal quand vous invitez une demoiselle à prendre un verre...

Mais alors, quand pouvez-vous rentrer votre chemise dans le pantalon ?

En fait, le critère principal est la longueur de la chemise. Si celle-ci descend de plus de 10 cm en dessous de votre ceinture, n'hésitez pas à la rentrer. Vous éviterez ainsi l'effet "blouse" que vous enfiliez en cours d'arts plastiques pour ne pas vous tacher. C'est aussi simple que cela !

— *L'homme doit-il boutonner sa chemise jusqu'en haut ?*

Dans la série "questions éternelles", celle portant sur le boutonnage se place aussi en très bonne position. Nous allons tenter de faire simple. Deux cas de figure vous obligent à boutonner jusqu'en haut votre chemise :

• Lorsque vous portez un costume-cravate ! Messieurs, s'il vous plaît, n'oubliez pas le bouton du col si cela ne vous étouffe pas.
• Si vous désirez opter pour un look un peu plus "hipster", vous pouvez boutonner votre chemise jusqu'en haut. Très répandu dans la mode scandinave, cela s'appelle le *air tie*. Difficile à maîtriser. À utiliser en toute connaissance de cause et dans des milieux précis. Ce n'est pas une manière de faire que nous apprécions spécialement, mais nous avons vu des looks plutôt réussis avec une chemise boutonnée jusqu'en haut.

Le reste du temps, vous devez impérativement garder le premier bouton – après celui du col – ouvert.

— *L'homme peut-il retrousser ses manches ?*

Faites comme vous le souhaitez, il n'y a pas de règle préétablie. Nous aimons bien le look décontracté que donne une chemise aux manches retroussées.

Porter un cardigan ouvert et des manches retroussées passe aussi très bien, n'hésitez pas à le faire de votre côté !

LE CARDIGAN

De plus en plus d'hommes s'intéressent au gilet… Le gilet que votre maman vous contraignait à porter pour aller à l'école et que vous détestiez mettre par peur des moqueries des camarades de classe… eh bien, le revoilà à la mode ! Une pièce qui a été réinterprétée par bon nombre de marques et de créateurs, et qui procure à celui qui la porte un style chic et décontracté. Cependant, là encore, une question revient régulièrement. Et c'est sans surprise que le boutonnage se retrouve à nouveau au centre de toutes les interrogations…

— *Alors, le cardigan, on le porte ouvert ou fermé ?*

De base, le cardigan se porte fermé, mais – toujours dans un souci de mise en valeur de la silhouette – nous vous conseillons vivement de laisser le dernier bouton ouvert. Sur certains cardigans très formels (ceux qui remontent assez haut), vous pouvez même déboutonner les premiers boutons (jusqu'au plexus maximum).

Cependant, si vous portez un tee-shirt avec un bel imprimé ou une jolie sérigraphie, n'hésitez pas à porter votre cardigan entièrement déboutonné. Rien ne vous en empêche. Vous mettrez ainsi en valeur votre tee-shirt et adopterez un look plus décontracté (mais pas négligé !).

DE BASE, LE CARDIGAN SE PORTE FERMÉ, MAIS TOUJOURS DANS UN SOUCI DE MISE EN VALEUR DE LA SILHOUETTE, NOUS VOUS CONSEILLONS DE LAISSER LE DERNIER BOUTON OUVERT.

LE JEAN

Quand vous essayez un jean en boutique, un des premiers réflexes que vous avez est de retrousser les jambes pour qu'il soit à la bonne taille. Dès lors, une question se pose : un simple revers extérieur est-il suffisant et "acceptable", ou faut-il faire retoucher la longueur du jean par un retoucheur ?

Dans un contexte estival, n'hésitez en revanche pas à retrousser votre chino.

— *Le revers apparent sur un jean est-il une pratique autorisée ?*

Mettons fin à toutes les conversations de comptoir : un jean se porte sans revers. D'autant plus que la retouche ne vous coûtera quasiment rien. S'agissant d'une retouche facile, vous pouvez simplement vous rendre chez le retoucheur ou la couturière de votre quartier sans crainte. Aucune excuse n'est donc tolérée.

Exception : dès lors que l'on parle de jean en toile selvedge, vous pouvez faire un revers afin de mettre en valeur le liseré rouge intérieur, preuve que la toile est de qualité supérieure. Mais c'est une pratique réservée aux plus expérimentés, car cela peut aussi tasser la silhouette.

Une veste se porte en général fermée, c'est beaucoup plus élégant et cela affine la silhouette.

DANS UN SOUCI
DE CONSERVER
LA COUPE DE LA VESTE
ET DE VOUS ASSURER
LA MEILLEURE
SILHOUETTE QUI SOIT,
IL EST PRÉFÉRABLE
DE LA PORTER FERMÉE.

LA VESTE

La veste est une pièce essentielle dans un dressing masculin. Normal que vous vous posiez d'innombrables questions à son sujet. Nous avons décidé de n'en retenir qu'une, celle qui revient le plus régulièrement…

— *L'homme doit-il porter sa veste fermée ou ouverte ?*

Dans un souci de conserver la coupe de la veste et de vous assurer la meilleure silhouette qui soit, il est préférable de la porter fermée. En effet, rares sont les vestes qui conservent leur cintrage une fois ouvertes.

Sur une veste à deux boutons, veillez à ne boutonner que le bouton du haut. Celui du bas doit TOUJOURS rester ouvert. C'est un principe, une règle de base tout comme on vous a appris plus jeune à ne pas parler la bouche pleine. De fait, ne vous étonnez pas que certaines personnes vous regardent bizarrement dès lors que vous boutonnez les deux boutons de votre veste.

Sur une veste à trois boutons, même consigne ! Le bouton du bas doit TOUJOURS rester ouvert. Et celui du milieu doit TOUJOURS resté fermé ! Aucune faute ne sera pardonnée. Libre à vous de choisir de boutonner ou non celui du haut en revanche.

Attention, dès lors que vous vous asseyez, il est impératif d'ouvrir votre veste. Par confort, mais aussi pour éviter de la marquer avec des plis inutiles.

IMPORTANT

Ne laissez jamais votre veste sur cintre avec les boutons fermés, même celui du haut. Une veste se range absolument ouverte.

La veste croisée est aussi élégante qu'intimidante… Bien coupée et fermée, elle dessine une très belle silhouette.

Quand la veste est ouverte, la tenue gagne en décontraction, mais la silhouette n'est plus du tout dessinée. À vous de choisir votre camp suivant l'occasion !

LE TRENCH

Assurant une allure élégante et procurant un charisme indéniable, le trench se doit d'avoir sa place dans votre dressing, au même titre que le blazer ou la chemise blanche. La structure particulière de cette pièce peut en décontenancer certains... Pas de panique, nous sommes là pour vous aider à vous l'approprier.

— *Faut-il utiliser la ceinture du trench ?*

Lors de l'essayage d'un trench, vous ne savez jamais quoi faire de la ceinture (aussi appelée "martingale"). Vous préférez porter votre trench ouvert, mais ne savez pas quoi faire de la martingale qui pend de chaque côté. Alors vous le fermez, ce qui vous assure une silhouette impeccable.

Pour garder votre charme masculin tout en conservant une belle silhouette (et sans pour autant laisser pendre vulgairement la ceinture), nous vous conseillons de nouer la martingale dans le dos. Tout simplement.

— *Peut-on relever le col du trench ?*

Pour certains, il est interdit de relever le col de son trench. C'est une faute impardonnable. Pour d'autres, le relever ne pose aucun problème, et ils se moquent complètement des soi-disant "principes" de base qui accompagnent le port d'un tel type de manteau. Nous concernant, nous estimons que vous pouvez faire comme bon vous semble : rassurez-vous, garder le col relevé ne vous fera aucunement perdre l'allure de base du manteau. Et l'architecture de la pièce sera bien évidemment conservée.

Nouez la martingale dans le dos afin d'accentuer le cintrage de votre trench.

POUR GARDER VOTRE CHARME MASCULIN TOUT EN CONSERVANT UNE BELLE SILHOUETTE, NOUEZ LA MARTINGALE DANS LE DOS.

LES SNEAKERS

Les sneakers vous permettent d'adopter un style casual, décontracté, mais toujours bien habillé. Il est donc normal qu'elles suscitent elles aussi certaines questions, notamment concernant leur entretien, la manière de les porter, etc. Petit tour d'horizon des questions qui reviennent le plus à leur sujet.

— *Doit-on faire ses lacets ?*

Coupons tout de suite court aux supputations. Vous devez impérativement lacer vos sneakers. Vous lacez bien vos souliers en cuir, non ? Alors faites de même pour vos sneakers. C'est non négociable. Nous ne sommes plus au collège, voyons ! Et si vos lacets sont trop grands, il est formellement interdit de faire glisser les boucles à l'intérieur de la chaussure. Là aussi, c'est non négociable. Préférez opter pour des lacets plus courts.

— *Comment porter des sneakers montantes ?*

Si vous portez un jean bien coupé, qui tombe parfaitement, vous pouvez faire un léger revers et glisser votre denim derrière la languette. Attention, il ne faut pas non plus chercher à le rentrer de manière trop marquée dans votre basket. Par ailleurs, si vous portez un jean un peu large, il risque de déborder sur les côtés, et le rendu visuel ne sera pas très joli.

Vous pouvez également les porter de manière plus classique, en laissant tomber le pantalon par-dessus. Veillez quand même à ce que la languette ne soit pas trop imposante. Pour le résultat visuel, les gens auront simplement l'impression que vous portez des sneakers basses, qui se découvriront au moment où vous vous assoirez.

— *Peut-on porter des sneakers montantes quand on fait 1,67 m ?*

Ce n'est pas une affaire de centimètres, mais de silhouette. Nous déconseillons surtout de porter des montantes quand il y a un décalage trop marqué entre la sneaker et le jean. Le pire qui puisse arriver, c'est de porter un jean trop fitté et une paire de sneakers trop massive. Effectivement, le résultat ne sera pas très heureux.

ASTUCE

Si vous voulez porter vos sneakers montantes de manière apparente, privilégiez un pantalon suffisamment resserré en bas. Et surtout n'essayez pas de rentrer le pantalon dans la sneaker, laissez-le simplement tomber sur le haut de la chaussure. Si l'ouverture du pantalon est bien choisie (coupes slim et semi-slim) : tout tient.

Quand il y a un tel travail de création sur des sneakers mi-montantes, il serait dommage de les cacher sous un jean ! Laissez donc votre jean tomber naturellement sur les sneakers.

ENTRETIEN

VINCENT-LOUIS VOINCHET, LA COMÉDIE HUMAINE

Peux-tu te présenter ?
Je suis Vincent-Louis Voinchet, directeur artistique de La Comédie Humaine, qui existe depuis 2012. On travaille sur un vestiaire masculin dans le but de revisiter l'élégance masculine de façon contemporaine et moderne, en s'inspirant de l'époque de Balzac. Car bien s'habiller était naturel à l'époque, alors on a voulu reprendre ces codes pour les appliquer aujourd'hui.

Où sont fabriquées vos chemises ?
À l'origine, nos chemises étaient exclusivement fabriquées en France. On a continué à le faire pour certains modèles comme pour les cols interchangeables. Ce choix de sourcing s'est fait pour une simple raison de proximité. On a d'autres modèles de chemises qui sont fabriqués ailleurs en Europe, au Portugal et en Italie, pour ne pas dépasser un certain prix public. Ces fabrications sont tout aussi qualitatives, mais moins chères.

Est-ce que tout fabriquer en France a du sens ?
Cela a un sens plutôt marketing, les marques de luxe l'ont très bien compris, c'est une façon de valoriser la "marque France" qui fonctionne très bien à l'étranger. Mais fabriquer tout en France n'a pas vraiment de sens, car beaucoup d'usines ont fermé, et donc certains savoir-faire n'y sont plus présents. Nous fabriquons des chemises en France, mais pour d'autres produits (cabans, pantalons), nous nous détournons de l'Hexagone, car les usines présentes n'ont pas de valeur ajoutée.

Cherchez-vous à être dans la mode ou dans l'intemporel ?
On recherche l'intemporalité. Nous voulons que les vêtements que nous proposons puissent être portés d'une saison à l'autre sans pour autant être démodés. En revanche, nous pouvons proposer des vêtements qui ont une touche particulière. Je reprends encore l'exemple des chemises à cols interchangeables. Nous pourrons par la suite proposer des cols qui s'adaptent à la chemise. Cela permet de personnaliser ses pièces.

Comment choisissez-vous vos matières ?
Nous sommes guidés par l'aspect naturel de la matière ; on travaille le coton, la laine, le lin, le cachemire, tout en évitant les mélanges dans lesquels on retrouve des fibres synthétiques comme le polyester. Le choix de matières permet au produit final d'être de qualité.

Comment choisissez-vous vos façonniers ?
Nous les choisissons en fonction de la complexité de la pièce. Chaque façonnier a son propre savoir-faire. Certains nous disent : "Je ne sens pas cette pièce, je ne sais pas comment l'industrialiser, il faut voir avec un autre façonnier."

Comment avez-vous appris la technique de fabrication de la chemise ?
Avec les fabricants, tout simplement. Un dialogue s'est établi entre nous, cela permet de nous faire conseiller sur des détails qu'ils maîtrisent. Au sein de l'atelier, nous avons aussi une modéliste qui est spécialiste des questions techniques. Elle voit ce qui peut être fait facilement, ou ce qui devrait être abandonné alors que cela semblait une bonne idée sur le papier.

Quels sont les détails importants à regarder sur une chemise ?
Sur une chemise, il y a beaucoup de détails à regarder, comme le nombre de points de couture au centimètre. Cela permet de conserver la chemise avec le moins de plis possible au fil du temps. Des boutons en nacre durent également plus longtemps que des boutons en plastique. La qualité de la matière est aussi importante. Pour les chemises habillées, on utilise le coton double retors (le fil est tordu deux fois) qui permet d'avoir un tissu plus résistant et durable. Mais ce qui reste essentiel, c'est avant tout la coupe.

Une belle montre et des bracelets ramenés de voyages étoffent le look de Vincent.

Les chemises à cols interchangeables Rastignac sont le grand classique de La Comédie Humaine.

Qu'est-ce que la main d'un tissu ?
C'est le toucher. C'est la première chose que l'on fait lors de l'achat d'un tissu, on le touche. On peut avoir deux tissus en 100 % coton avec des tissages ou des finitions (le finissage) très différents.

Comment se passe la construction d'une collection cohérente ?
On établit notre propre tendance sans se fermer à ce qui nous entoure. On décrypte les saisons à l'avance, et on est aidés par les blogs et les défilés. Puis on établit une ligne directrice que l'on conjugue à l'histoire de Balzac.

Et comment se passe l'élaboration d'une pièce ?
Quand on établit le plan de collection, on dessine les pièces à la main, puis on met en place un croquis technique. On lui donne corps avec une toile (c'est un vêtement final fait dans un tissu cartonné sur lequel on peut faire des retouches et des annotations). On crée alors en parallèle notre patronage numérisé que l'on donne à notre fabricant. On a fait le choix de créer nos pièces de A à Z.

Pour accéder à la vidéo : bngl.fr/vincent

Les looks de Vincent s'articulent autour d'une culture de la sobriété, agrémentée d'accessoires très bien choisis.

ENTRETIEN

NICOLAS GABARD, HUSBANDS

Peux-tu te présenter et nous expliquer ce qu'est Husbands?
Je suis Nicolas Gabard et, avec l'aide de Synneve Goode, j'ai créé la marque de prêt-à-porter haut de gamme pour homme Husbands. Notre ambition est de proposer une garde-robe idéale constituée de grands classiques, dans des matières authentiques, et en utilisant de très beaux savoir-faire.

Quel intérêt à acheter des vêtements de qualité quand on veut bien s'habiller?
Le vêtement de qualité est généralement bien coupé et confortable. Sa construction permet de supporter le passage du temps de sorte qu'il se bonifie. C'est un investissement qui se révèle finalement économiquement rationnel, et stylistiquement intéressant.

Constates-tu un regain d'intérêt pour l'art tailleur (ou *tailoring*)?
Oui. J'ai le sentiment que les hommes ont de nouveau envie de beaux vêtements. Ils s'intéressent aux savoir-faire, à la technique, aux détails. Cette exigence nous pousse à aller encore plus loin dans le souci de la qualité.

Comment se cultiver sur le sujet du *tailoring*?
Consulter les blogs, les forums et les classiques de la littérature pour homme. Aller voir un tailleur ou un bon commerçant passionné qui montrera et expliquera les choses. Discuter également avec un bon retoucheur.

Comment bien s'habiller quand on est père de famille?
Ah, mais c'est impossible, on ne peut pas, il faut abandonner ses enfants! Et Husbands est un très mauvais nom pour une marque! Blague à part, éviter les couleurs claires quand ils mangent du chocolat et enlever sa cravate quand on est avec eux à table. Un selvedge et une veste en tweed constituent une assurance tous risques contre le ketchup et le beurre de cacahuètes.

Quelles sont les erreurs récurrentes des hommes lorsqu'ils portent une veste?
Trop courte : la règle voudrait que la veste recouvre les fesses. Trop étriquée : on peut être à l'aise, et conserver une silhouette ajustée. Trop serrer un vêtement est souvent une erreur. Trop large, mais cela est devenu plus rare. Négliger la qualité du tissu : il arrive que la coupe soit au rendez-vous, mais avec une qualité de tissu médiocre. Il faut se renseigner sur la composition, le poids, la provenance du tissu.

Que vérifier quand on choisit une veste?
Sa construction : une veste entoilée alliera tombé, confort et solidité. Pincez la veste en bas, les doigts doivent pouvoir isoler une épaisseur entre la toile et la doublure. Ensuite la qualité de la matière : personnellement, j'affectionne les matières lourdes et, pour la finesse des fibres, je ne vais jamais au-delà d'un super 120. La solidité l'emporte sur la finesse et la légèreté. Vérifiez que la veste ne bâille pas au niveau du col, mais également qu'elle ne s'ouvre pas au niveau de la poitrine, signe qu'elle est trop petite. Au niveau du dos, les bras ne doivent pas sentir de tensions excessives. Les manches quant à elles peuvent être réduites, mais guère allongées. La veste qui va est celle qui tombe bien sur les épaules.

Comment vérifier qu'une veste est bien coupée?
L'important est de se sentir bien dans le vêtement. La veste bien coupée doit épouser la morphologie du corps sans en entraver le mouvement. Ensuite il y a le style, et une veste bien coupée pour certains peut apparaître au contraire trop engoncée pour d'autres. C'est une question de goût aussi. Il s'agit de trouver un équilibre entre le pantalon (est-il taille haute, taille basse, à pinces) et la veste, qui doit respecter le choix stylistique du pantalon. Il faut se connaître et opérer des choix qui respectent les spécificités de sa propre morphologie.

Le pop suit de Husbands est taillé dans une toile vintage des années 1960. C'est le genre de toile de très bonne qualité que l'on ne trouve presque plus dans les productions modernes.

Husbands propose une garde-robe de pièces fortes, iconiques et intemporelles. Ces vêtements avec beaucoup de personnalité n'ont pas besoin de plus pour constituer un bon look.

Qu'est-ce qui peut être repris en retouches sur une veste ?

À peu près tout quand la veste est trop grande. Pas grand-chose quand elle est trop petite. Dans ce dernier cas, en fonction de la réserve de tissu laissée aux points de montage de la veste, il est possible de donner un peu d'aisance sous les bras, dans le dos et un peu à la poitrine. On peut aussi allonger légèrement les manches. Mais guère plus… Et ce travail nécessite de connaître un bon retoucheur. En revanche, quand une veste est trop grande, il est possible de la raccourcir, de raccourcir ses manches (on peut démonter la manche à l'emmanchure), de la cintrer dans le dos. On peut aussi réduire les épaules (dans ce cas, on démonte la manche, on enlève le surplus d'épaule, puis on raccroche la manche). Attention néanmoins, si la veste est vraiment trop grande (les deux pans de devant se recouvrant pour aboutir presque à une veste croisée), il n'y aura guère de solution.

Pour accéder à la vidéo : bngl.fr/nicolas

CONCLUSION

La lecture de ce guide touche à sa fin. Nous espérons que vous avez pris le temps de bien intégrer les concepts, de les appliquer, et, bien évidemment, que vous avez apprécié le voyage. Même une fois que vous serez à l'aise avec l'ensemble de ce savoir, prenez le temps de relire l'ouvrage de temps en temps ou quand vous souhaitez revenir sur un sujet particulier : c'est votre boîte à outils. L'expérience récemment acquise vous donnera un nouvel éclairage sur certains chapitres. Il vous reste beaucoup de choses à découvrir, par exemple par la lecture de BonneGueule.fr..., mais aussi par vous-même.

Alors faites-nous le plaisir de tenter. Prenez des risques maîtrisés, faites quelques erreurs (il y en aura de toute façon) et tirez-en les bons enseignements. Parfois on trébuche et c'est frustrant, mais gardez en tête que les chemins les plus sûrs sont rarement ceux qui mènent le plus loin. Alors faites l'effort de sortir des sentiers battus !

Avant que vous ne refermiez ce livre, nous avons un dernier enseignement à partager avec vous. Un enseignement vraiment important. Peut-être celui qu'il vous faut retenir avant tous les autres.

Ce ne sont pas vos vêtements, votre coiffure ou la voiture que vous conduisez, mais bien qui vous êtes qui importe. Vous pourrez être l'homme le mieux habillé, le plus sportif, et donner toujours une excellente première impression, cela ne se substituera jamais à votre personnalité. Votre style est la manifestation extérieure de vos valeurs, et non une illusion qui masque vos doutes. Le meilleur look au monde, c'est celui qui laisse transparaître sans friction une belle personnalité.

Évoquer le sujet est peut-être présomptueux de notre part. Après tout, nous sommes encore dans la vingtaine, à l'aube de nos vies, et il nous reste presque tout à apprendre. Mais à l'aune de nos expériences de jeunes adultes, voici ce que l'on aimerait vous dire.

Cultivez vos passions et cultivez vos relations. Travaillez dur, mais n'oubliez pas de faire la fête. Soyez exigeant avec la vie, encore plus avec vous-même, et quand vous le pouvez, fermez les yeux en profitant du soleil. Ce sont là les fondements d'une personnalité que les gens aiment et respectent. Donnez-leur votre temps et votre attention, et ils vous donneront tellement plus en retour.

Notre passion à nous, c'est la mode masculine. Quand nous la partageons, nous nous sentons utiles et bien dans notre rôle. Nous réalisons ainsi notre part du deal. Promettez-nous que vous ferez le reste du travail. Et promettez-vous-le à vous-même. Le monde ne sera pas seulement ainsi plus esthétique, il sera également plus stylé !

MÉMO

AVANT D'ACHETER

1. Avez-vous vraiment besoin d'acheter cette pièce ?
2. Avez-vous le budget pour cette pièce, ou d'autres dépenses sont-elles prioritaires ?
3. Tous les critères propres à chaque pièce sont-ils respectés ?
4. La qualité de la confection et de la matière est-elle bonne ?
5. Et ne trichez pas !

LE TEE-SHIRT

1. Col suffisamment évasé.
2. Coutures superposées à la cassure de l'épaule, au niveau de l'os.
3. Pectoraux légèrement moulés, sans trop de plis.
4. Manches qui s'arrêtent à hauteur de biceps, et non au coude.
5. Ni trop serré, ni trop lâche aux hanches.
6. Tombé qui s'arrête juste sous la ceinture, mais pas sous les fesses.

LA CHEMISE

1. Col bien rigide sur une chemise formelle.
2. Coutures ajustées sur la cassure de l'épaule.
3. Chemise fittée au niveau de la poitrine. Pas ou peu de tension sur les boutons.
4. Pas d'excès de tissu aux hanches et aux aisselles.
5. Pas plus de place que le poing entre le bas de la chemise et votre corps.
6. Manches arrêtées entre la main et l'os du poignet.

LA VESTE

1. Épaules qui cassent de manière propre et nette.
2. Légers plis de tension en étoile quand le bouton est fermé.
3. Place pour environ un poing entre le bouton et le ventre.
4. Cintrage qui dessine les hanches, mais ne les comprime pas.
5. Longueur des manches sur l'os du poignet bras tendus.
6. Pas de vide entre le col de la chemise et celui de la veste.
7. Col de la chemise apparent même au niveau de la nuque.
8. Le moins de plis possible dans le dos de la veste ou au col.
9. Revers plaqué sur la poitrine, ils ne cassent pas.
10. La veste tombe vers le milieu des fesses (elle peut être raccourcie).

LE BLOUSON D'ÉTÉ

1. Épaules bien fittées, coutures sur l'épaule.
2. Pas forcément cintré, mais tout de même ajusté.
3. Longueur : quelques centimètres sous la ceinture.

   Attention, certains blousons avec des bords côtes à la taille ou aux poignets remontent au-dessus des fesses lors de la marche.

LA CEINTURE EN CUIR

1. Avec une boucle sobre.
2. Adaptée à un usage soit business soit casual.
3. Dans un beau cuir (texture homogène, pores du cuir resserrés et réguliers).

LE BLOUSON EN CUIR

1. Épaules bien fittées, coutures sur l'épaule.
2. Pour les cuirs fins (agneau), prenez un blouson moulant : il va bien se détendre.
3. Longueur : quelques centimètres sous la ceinture, sauf exception.

QUALITÉ DU CUIR

4. Cuir de texture, couleur et qualité homogènes.
5. Pores fins et resserrés.
6. Cuir souple et doux qui froisse peu.

LE TRENCH

1. Épaules bien fittées, coutures sur l'épaule.
2. Pas forcément cintré, mais tout de même ajusté.
3. Fluidité de la matière pour un beau tombé du trench porté ouvert.
4. Longueur : au-dessus des genoux (n'hésitez pas à retoucher la longueur).
5. Les manches recouvrent vos poignets.
6. Fonctionnel : si usage sous la pluie, imperméabilisez.

LES CHAUSSURES EN CUIR

1. Sobres, sans détails superflus qui alourdissent.
2. Semelles cousues, et jamais simplement collées.
3. Cousu de la semelle propre et régulier.
4. Cuir lisse et uniforme qui marque peu les plis (pliez la chaussure pour tester).
5. Essayez toujours la taille en dessous à la moindre hésitation.

LE PANTALON

1. Fesses maintenues : elles ne s'affaissent pas.
2. Pas d'excès de matière à l'entrejambe.
3. Une coupe suffisamment ajustée qui ne moule pas.
4. Longueur : casse en une fois sur la chaussure.

MATIÈRES

5. Du naturel : coton en été et laine en hiver.
6. Le coton se détend un peu, la laine beaucoup moins.

LE JEAN

1. Boutons légèrement difficiles à fermer, poches difficiles à atteindre si jean neuf.
2. Fesses maintenues et un peu aplaties par le jean.
3. Il tombe à la hanche, juste sous l'os. Deux doigts d'écart entre le jean et la ceinture.
4. Pas d'excès de toile aux cuisses, aux fesses ou à l'entrejambe.
5. Cuisses bien fittées.

QUALITÉ DE LA TOILE

6. Trame du tissu et coutures régulières, pas de striures verticales.
7. Couleur profonde qui prend bien la lumière.
8. Les détails apportés à la pièce (point de chaînette, rivets cachés, renforts) plaident en faveur d'une bonne qualité.

DÉLAVAGE ?

9. Rendu le plus naturel possible.

LES SNEAKERS DESIGN

1. Un design sobre, pas de détails qui surchargent (portez-les pour tester).
2. Des couleurs simples : gris, blanc, beige, bleu marine (idem pour les couleurs des semelles).

QUALITÉ DU MONTAGE

3. De belles matières.
4. Si possible, une semelle cousue.

LE MANTEAU D'HIVER

1. Épaules parfaitement fittées, coutures bien sur l'épaule.
2. Suffisamment ajusté pour éviter les courants d'air.
3. Faites vos essayages avec un pull ou une veste pour prévoir suffisamment d'espace.
4. Assurez-vous d'avoir le cou protégé du froid, et suffisamment de poches.
5. Longueur : au-dessus des genoux pour les manteaux et sous les fesses pour les cabans (n'hésitez pas à retoucher la longueur).
6. Les manches recouvrent vos poignets.

MATIÈRES

7. De la laine pour bien vous protéger : pas de synthétique qui fait transpirer (prenez au moins 70 % de laine).

LE HOODIE ET LA MAILLE DESIGN

1. Des pièces simples dans de belles matières.
2. Un fit qui vous met en valeur sans vous mouler (voir tee-shirt).

MATIÈRES

3. Pas de synthétique.
4. Des couleurs profondes qui font de beaux reflets à la lumière.
5. Pourquoi ne pas tenter des matières originales ?

RESSOURCES

LES BLOGS QUE NOUS LISONS

Modissimo
modissimo.fr
Un des blogs historiques sur la mode masculine : toujours une référence.

Advel
www.advel.fr
Webzine plus généraliste, autour de l'art de vivre masculin.

Milanese Special Selection
www.milanesespecialselection.com
Blog sur l'art de vivre et l'artisanat textile en Italie.

Redingote
redingote.fr
Blog collaboratif présentant de nombreux tests de marques.

Parisian Gentleman
parisiangentleman.fr
Le blog de référence sur l'élégance classique. Parfois technique, mais toujours très pédagogue.

For The Discerning Few
forthediscerningfew.com
Un autre très bon blog sur l'élégance classique, avec des tests de marques moins connues.

Stiff Collar
stiffcollar.wordpress.com
Blog du tailleur Julien Scavini, qui y parle de son métier et explique les méthodes de fabrication des pièces tailleur.

So Dandy
www.sodandy.com
Blog évoquant les codes de la mode masculine, illustré par des street styles bien expliqués.

Les frères Jo'
les-freres-jo.blogspot.fr
De beaux looks très bien exécutés autour de l'univers preppy. Idéal pour s'aiguiser l'œil.

Hype & Style
www.hypeandstyle.fr
Blog sur l'actualité, le style et les tendances masculines. Orienté street culture.

Little Style Box
www.littlestylebox.com
Un blog qui livre les actualités mode. Par le créateur de l'Exception.com.

De jeunes gens modernes
www.dejeunesgensmodernes.com
Blog pointu sur l'art de vivre : mode, architecture, design et beaux objets.

Couvre x Chefs
couvrexchefs.com
Deux passionnés de casquettes, qui parlent musique, mais aussi photo ou architecture.

The Yers
www.the-yers.fr
Portail dédié à la génération Y (mais pas que), beaucoup d'humour et de très bonnes sélections musicales.

Fubiz
www.fubiz.net
Site de référence français sur le design et les nouvelles tendances graphiques.

QUELQUES OUVRAGES POUR CEUX QUI VEULENT ALLER PLUS LOIN

MARGERIE Géraldine et MARTY Olivier
***Dictionnaire du look : Une nouvelle science du jeune,* Robert Laffont, 2011**
Ce livre enseigne comment différencier les looks en passant par tous les univers : musique, séduction, politique...

FLUSSER Alan
***Dressing the Man: Mastering the Art of Permanent Fashion,* It Books, 2002 (en anglais)**
Cette encyclopédie est dédiée aux hommes qui souhaitent bien s'habiller sans pour autant devenir des fashion victims.

JENKYN JONES Sue
***Le Stylisme, nouvelle édition,* Pyramyd, 2011**
Un livre pointu, qui expose la réalité du métier de styliste, empli de détails qui intéresseront les plus avertis.

SHERWOOD James
***Savile Row : Les maîtres tailleurs du sur-mesure britannique,* L'Éditeur, 2010**
Un livre qui rend hommage à ce haut lieu de la mode masculine devenu célèbre grâce à ses tailleurs ainsi qu'aux célébrités qui s'y rendaient.

SIMS Josh
***L'Éternel masculin : Icônes de mode et vestiaire idéal,* La Martinière, 2011**
Ce recueil renferme tous les grands classiques de la mode masculine portés par les plus grands, des tee-shirts de James Dean jusqu'aux costumes de Clark Gable. Ouvrage très bien illustré.

WALKER Harriet
***Less is more: Minimalism in Fashion,* Merrell Publishers Ltd, 2011 (en anglais)**
Cet ouvrage présente les racines de la mode minimaliste et ses répercussions sur la mode d'aujourd'hui. Un livre très bien illustré.

ADRESSES

À PARIS

POUR LES COSTUMES

Cinq bonnes adresses dans le Marais,
par niveau de budget.

DANYBERD
15 rue des Filles-du-Calvaire
Économique, notamment pour les chemises qui tournent à un rythme effréné quand on en porte tous les jours.

COS
4 rue des Rosiers
Des costumes juste satisfaisants, mais des chemises très intéressantes.

SURFACE TO AIR
108 rue Vieille-du-Temple
Des costumes avec un style plus pointu, des coupes plus modernes.

LY ADAMS
11 rue Vieille-du-Temple
Très beau savoir-faire sur des costumes italiens aux coupes classiques, et parfois dans de jolies toiles colorées.

MELINDA GLOSS
42 rue de Saintonge
Vous trouverez ici des coupes contemporaines et un vrai savoir-faire tailleur.

PARCOURS SHOPPING DANS LE MARAIS

L'ÉCLAIREUR
12 rue Mahler
Grosses pièces très chères, mais bonne adresse pour assouvir sa curiosité.

COS
4 rue des Rosiers
De tout.

LY ADAMS
11 rue Vieille-du-Temple
De tout, surtout des costumes, de la maille, des manteaux et des jeans The Unbranded Brand.

BOBBIES
1 rue des Blancs-Manteaux
Des mocassins et des desert boots.

BOUTIQUE HOMME
32 rue des Blancs-Manteaux
De tout.

SURFACE TO AIR
108 rue Vieille-du-Temple
Des manteaux, des cuirs, du jersey.

A.P.C.
112 rue Vieille-du-Temple
Des jeans et des pièces à manches.

FRENCHTROTTERS
128 rue Vieille-du-Temple
Belle sélection d'articles à des prix accessibles.

ROYAL CHEESE
129 rue Vieille-du-Temple
Des chaussures.

ELEVATION STORE
135 rue Vieille-du-Temple
De tout, assez pointu.

FLORIAN DENICOURT
24 rue Charlot
Des chaussures et des accessoires.

DANYBERD
15 rue des Filles-du-Calvaire
Des chemises et costumes pas chers, mais fermé le samedi.

MELINDA GLOSS
42 rue de Saintonge
Grande qualité sur toute la collection, foncez !

SUITE DU PARCOURS : DERRIÈRE LA PLACE DE LA RÉPUBLIQUE

AMERICAN APPAREL
10 rue Beaurepaire
À retenir : la ligne summer tee-shirts ainsi que les chinos.

RENSHEN
22 rue Beaurepaire
Des jeans et surtout du savoir-faire.

LA COMÉDIE HUMAINE
6 rue des Guillemites
Bonne sélection de chemises et manteaux.

CENTRE COMMERCIAL
2 rue de Marseille
Pour tous les goûts, pour tous les prix !

BALIBARIS
14 rue de Marseille
De tout pour toutes les bourses.

CUISSE DE GRENOUILLE
5 rue Froissat
Grand choix d'articles.

EN RÉGIONS

Il existe de nombreuses boutiques multimarques dans les grandes villes de France.

AIX-EN-PROVENCE

BLEECKER STREET
1 rue Courteissade
Style : décontracté chic.
Marques : Carven, Melinda Gloss, Golden Goose, Ally Capellino (prochainement Kenzo et Ami).

HESCHUNG
7 rue de la Glacière
Style : décontracté chic / urbain.
Chaussures.

NO VOID PLUS
4 rue des Chaudronniers
Style : décontracté / trendy.
Marques : A.P.C., BGWH, Études, Edwin, Homecore, Our Legacy.

ARMENAK (chausseur)
Place des Trois-Ormeaux
Style : habillé.
Marques : John Lobb, Church's, Crockett & Jones, Heschung, Santoni.

ETYMOLOGY
13 rue Laurent-Fauchier
Style : décontracté / urbain.
Marques : Closed, Acne, n.d.c., Roberto Collina.

AVIGNON

ACTUEL B
1 rue Folco-de-Baroncelli
Style : décontracté chic.
Marques : Melinda Gloss, Acne, Kitsuné, Lanvin, Martin Margiela, Carven, Edwin, Opening Ceremony, Sixpack.

THE NEXT DOOR
5 rue Folco-de-Baroncelli
Style : décontracté chic / urbain.
Marques : A.P.C., AMI, Bleu de Paname, BWGH, Homecore.

BESANÇON

OMNIBUS
18 rue de la Bibliothèque
Style : décontracté chic.
Marques : Melinda Gloss, Florian Denicourt, Roberto Collina.

BONNIE & CLYDE
102 Grande-Rue
Style : décontracté / urbain.
Marques : Edwin, American Vintage.

BORDEAUX

A.COPOLA
61 cours Alsace-Lorraine
Style : décontracté chic.
Marques : Melinda Gloss, Carven, Closed.

GRADUATE
63 rue du Pas-Saint-Georges
Style : urbain / décontracté chic / smart.
Marques principales : A.P.C., AMI, Commune de Paris, Filippa K, Études, Naked & Famous.

CASE DÉPART
16 rue du Temple
Style : urbain / décontracté chic.
Marques principales : Iro, Melinda Gloss.

RAYON FRAIS
33 rue Saint-James
Style : urbain / décontracté chic.
Marques principales : Bleu de Paname, BWGH, Levi's Made & Crafted.

MONSIEUR.MADAME
26 rue Condillac
Style : urbain.
Marques : Acne, Surface to Air.

N.D.E. Limited
5 rue de Grassi
Style : décontracté chic.
Marques : Closed, Melinda Gloss, CP Company, Filippa K.

CLERMONT-FERRAND

INSIDE URBAN
15 rue Massillon
Style : décontracté / urbain.
Marques : A.P.C., Edwin, Nudie, BGWH, Études.

GRENOBLE

MAGARDEROBE
7 rue Jay
Style : décontracté / sportswear.
Marques : A.P.C., Edwin, BGWH, Études, Opening Ceremony, Bleu de Paname.

L'HACIENDA
9 rue de Sault
Style : décontracté / sportswear.
Marques : A.P.C., Nudie Jeans, American Apparel.

LA ROCHELLE

MIX & TENDANCE
29 rue Saint-Nicolas
Style : décontracté chic /sportswear.
Marques : Bérangère Claire, Farah Vintage, Kulte.

LAZZARA
18 rue Passage-du-Minage
Style : décontracté / urbain.
Marques : Acne, Wooyoungmi, Surface to Air, Filippa K, Golden Goose.

LILLE

SÉRIE III NOIRE
39 rue Basse
Style : décontracté chic / urbain.
Marques : Acne Studios, Rick Owens, Boris Bidjan Saberi, Backlash, Dior Homme, Isaac Sellam, Y Project, Premiata, Marsèll, Kris Van Assche.

CULTURE DENIM
4 rue des Trois-Mollettes
Style : décontracté / urbain.
Marques : Bleu de Paname, Edwin, BGWH, Norse Projects, Levi's Made & Crafted, Herschel.

THE ROOM
22 rue Masurel
Style : décontracté chic / urbain.
Marques : Filippa K, Meilleur Ami, Suit, April77 American Selvedge.

MICHEL RUC
28 rue Basse
Style : décontracté chic / urbain.
Marques : Wooyoungmi, Santoni, Canada Goose, Church's, Closed, Notify, Neil Barrett.

LIMOGES

LD SPORT & STYLE
28 rue du Temple
Style : décontracté / urbain.
Marque : Bold Boy.

TENDANCE
23 rue Élie-Berthet
Style : décontracté chic.
Marques : Melinda Gloss, Nudie, Memento Clothing.

LYON

LE DIXIÈME ARRONDISSEMENT
13 rue des Augustins, 1er arrondissement
Style : urbain / décontracté chic.
Marques : A.P.C., Études, Surface to Air, Acne, Opening Ceremony, Commune de Paris.

SUMMER
1 place Gailleton, 2e arrondissement
Style : décontracté / sportswear.
Marques : A.P.C., Sandqvist, Levi's Made & Crafted, Mark McNairy.

CAPSULE & ECO
21 rue Gentil, 2e arrondissement
Style : décontracté chic.
Marques : Melinda Gloss, Acne, Gaspard Yurkievich.

ORIGEEN LYON
28 rue Palais-Grillet, 2e arrondissement
Style : décontracté / sportswear.
Marques : Olow, Twobrids, Misericordia, Knowledge Cotton Apparel.

DOPE
10 rue d'Algérie, 1er arrondissement
Style : décontracté / sportswear.
Marques : Bleu de Paname, Nurse Project, Edwin.

MARSEILLE

COS
Rue Francis-Davso, 1er arrondissement
Style : décontracté chic / sportswear.
Vêtements et accessoires pour homme.

CORE ZONE MARSEILLE
8 rue Montgrand, 6e arrondissement
Style : décontracté / sportswear.
Marques : Edwin, Nudie, April77, Bleu de Paname, Homecore.

KARLEENJO
47 boulevard Édouard-Herriot, 8e arrondissement
Style : décontracté chic.
Marques : Filippa K, Bellerose.

METZ

TED
20 rue Serpenoise
Style : décontracté chic.
Marques : Lanvin, Scabal.

EXCEPT 3DX
20 rue des Jardins
Style : urbain / décontracté / sportswear.
Marques : Sixpack, Commune de Paris, Bleu de Paname ainsi que des marques en séries limitées.

MONTPELLIER

PEOPLE'S RAG
13 rue de l'argenterie
Style : décontracté chic.
Marques : A.P.C., Acne, Edwin, Norse Projects, La Panoplie, Homecore, Bleu de Paname.

HYPE GALLERY
11 rue de l'Argenterie
Style : décontracté chic / sportswear.
Marques : Naked & Famous, The Unbranded Brand, Olow, Farah, American Vintage.

ALPH BOUTIQUE
35 rue de l'Argenterie
Style : habillé.
Marques : Hollington, Montagut, Xacus.

MAJESTIC
22 rue de la Loge
Style : urbain / workwear / décontracté.
Marques : Edwin, Red Wing Shoes, April77, Balibaris, Selected.

NANCY

ESPACE WEEKEND
20 rue des Dominicains
Style : décontracté / urbain.
Marques : Canada Goose, Edwin, Wrangler.

NANTES

BATT & BLOU
20 rue Jean-Jaurès
Style : décontracté chic / trendy.
Marques : Melinda Gloss, Closed, Filippa K.

LA STATION
21 rue Crébillon
Style : urbain / décontracté chic.
Marques : Bob Carpenter, Canada Goose, Penfield.

OKKO LINE
2 rue Haute-Casserie
Style : urbain / décontracté chic.
Marques : Edwin, Nudie Jeans, Bill Tornade, Tim Bargeot.

NICE

ABAKA
6 rue de France
Style : décontracté / sportswear.
Marques : Études, Norse Projects, Bleu de Paname, Edwin.

ANTIC BOUTIK
19 rue de la Préfecture
Style : décontracté chic.
Marques : Melinda Gloss, A.P.C., Kitsuné, Surface to Air, Commune de Paris, Opening Ceremony.

IMPACT
15 Rue de Lépante
Style : décontracté chic / sportswear.
Marques : Balibaris, National Standard, Sixpack France, Nudies Jeans, Homecore.

ORLÉANS

LE NOUVEAU MAGASIN
318 rue de Bourgogne
Style : décontracté / urbain.
Marques : A.P.C., Edwin, Nudie, Levi's Vintage.

RÉVOLTE
11 place de la République
Style : décontracté chic.
Marques : National Standard, Marchand Drapier.

PERPIGNAN

L'ÉTAGE
9 place Jean-Jaurès
Style : décontracté / urbain.
Marques : Suit, Homecore.

RENNES

LE BOUCLARD
2 rue Rallier-du-Baty
Style : décontracté chic / sportswear.
Marques : A.P.C., Homecore, Commune de Paris, Surface to Air, Melinda Gloss, Bleu de Chauffe.

REFORME
11 place du Parlement
Style : décontracté / urbain.
Marques : BGWH, Bleu de Paname, Levi's Man & Crafted, Norse Projects.

DE PIED EN CAP
12 rue du Chapitre
Style : décontracté chic.
Marques : Bill Tornade, U.ni.ty, Heshung, n.d.c., Patrizia Pepe.

ROUEN

HORS-SÉRIE
30 allée Eugène-Delacroix
Style : décontracté chic / urbain.
Marques : Melinda Gloss, Acne, Notify, Commune de Paris.

MANFIELD (chausseur)
83 rue Saint-Nicolas
Style : habillé / urbain.
Marques : Heschung, Atelier Voisin, Officine Creative, Church's.

SAINT-ÉTIENNE

ANTHRACITE
3 rue des Fossés
Style : décontracté chic.
Marques : n.d.c., Neil Barrett.

INDIGO
29 avenue de la Libération
Style : décontracté / sportswear.
Marques : Dockers, Wrangler, Levi's, Levi's Vintage Clothing.

STRASBOURG

LE NOUVEL ACCORD
34 quai des Bateliers
Style : décontracté / urbain.
Marques : BGWH, Sixpack, Prim I Am, Norse Projects, Our Legacy, Levi's Made & Crafted.

REVENGE HOM
4 rue du Fossé-des-Tailleurs
Style : décontracté chic / urbain.
Marques : La Comédie Humaine, Carmina.

TOULON

JOE ALLEN
29 rue d'Alger
Style : décontracté / sportswear.
Marques : Commune de Paris, Kitsuné, Common Projets, Woolrich, Bleu de Chauffe.

BACKSTAGE
7 rue d'Alger
Style : décontracté / urbain.
Marques : Edwin, April77, Faguo.

TOULOUSE

MARCHAND DRAPIER
13 rue Bouquières
Style : décontracté chic.
Vêtements et accessoires.

L'OBSERVATOIRE
4 rue des Arts
Style : décontracté chic / dark.
Marques : Lanvin, Filippa K, CP Company, Canada Goose, Edwin, Givenchy.

CARTOUCHE
Place du Président-Thomas-Wilson
Style : décontracté chic / sportswear.
Marques : Lanvin, Neil Barrett, Barbour, Acne.

RICE AND BEANS
18 rue Cujas
Style : décontracté / urbain.
Marques : S.N.S. Herning, Our Legacy, Norse Projects, Bérangère Claire, Bleu de Paname, Penfield, Opening Ceremony.

SUN BELL STORE
17 rue Cujas
Style : décontracté / urbain.
Marques : Edwin, Levi's vintage, Bellerose, La Panoplie.

TOURS

LA SOURCE
3 rue des Halles
Style : décontracté / urbain.
Marques : Canada Goose, Memento Clothing, Bill Tornade.

MONSIEUR
8 rue de Châteauneuf
Style : décontracté chic / sportswear.
Marques : Commune de Paris, Filippa K, Homecore.

EN BELGIQUE ET EN SUISSE

BRUXELLES

A.P.C.
Rue Darwin, 61
Style : décontracté / urbain.
Vêtements et accessoires pour homme.

SMETS
Chaussée-de-Louvain, 650-652
Style : décontracté chic / urbain.
Marques : Canada Goose, Carven, National Standard, Acne.

HUNTING & COLLECTING
Rue des Chartreux, 17
Style : décontracté chic / urbain.
Marques : Common Projects, Bleu de Paname, Carven.

GENÈVE

LADRESS
32 rue du 31-décembre - 1207
Style : décontracté chic.
Marques : A.P.C., Acne, NOTIFY Jeans, Worn By, Roberto Collina.

L'ARSENAL
31 rue Prévost-Martin - 1205
Style : décontracté chic / urbain.
Marques : Surface to Air, Roberto Collina, Suit, Maison Fabre, S.N.S. Herning.

GLOBUS
Rue du Rhône 48 - 1204
Style : décontracté / urbain.
Marques : Notify, Nudies, Dockers.

PARADIGME
2 rue de la Terrassière - 1207
Style : décontracté / sportswear.
Marques : Closed, Our Legacy, YMC.

LAUSANNE

CAMILLE
5 rue Caroline
Style : décontracté chic.
Marques : Melinda Gloss, Dries Van Noten, Acne.

SUR INTERNET

L'EXCEPTION
www.lexception.com
Un e-shop bourré de jeunes créateurs français, souvent à un excellent rapport qualité/prix.

MENLOOK
www.menlook.com
Un large choix de vêtements pour toutes les bourses : le supermarché du style. Attention à certains articles cependant!

MICHEL RUC
www.michelruc.com
E-shop de la boutique lilloise. Belle sélection de vêtements et accessoires pour hommes, mais à des prix parfois élevés.

MONSIEUR T-SHIRT
www.monsieurtshirt.com
Une belle sélection de tee-shirts à des prix abordables.

COS STORE
www.cosstores.com
E-shop de la marque haut de gamme du groupe H&M. Des chemises, chaussures et accessoires à des prix abordables.

MR PORTER
www.mrporter.com
Mr Porter propose un vestiaire efficace avec des créateurs et des marques internationaux célèbres (site en anglais).

TRÈS BIEN SHOP
tres-bien.com
Sélection pointue de créateurs internationaux.

OKI-NI
www.oki-ni.com
Des jeunes créateurs, mais aussi des marques moins connues. Pour ceux qui recherchent des pièces fortes.

ÇA RESTE ENTRE NOUS
www.ca-reste-entre-nous.com
Bonne sélection de marques jeunes et abordables.

FRENCHTROTTERS
www.frenchtrotters.fr
E-shop de la boutique parisienne, excellente sélection de marques moyenne gamme, style sobre et épuré.

REMERCIEMENTS

Nous tenons avant tout à vous remercier, vous qui lisez ce livre. Car c'est grâce à vous que nous en sommes là. Nous devons tout à nos lecteurs, qui sont à la fois nos clients, nos partenaires, nos inspirations, notre source de motivation et nos amis.

Que vous ayez découvert l'univers BonneGueule via notre site Internet, un ami ou au détour d'une librairie, merci de continuer à nous faire confiance et de nous donner les moyens de vous offrir toujours plus de contenu exclusif et unique. D'un simple blog de mode, nous sommes maintenant une petite entreprise qui a pu créer des emplois, former de jeunes recrues et aider de manière concrète les marques qui le méritent.

Nous remercions également du fond du cœur notre petite équipe dont nous sommes très fiers :

• Florian, stagiaire historique de BonneGueule, qui a rejoint définitivement l'équipe. C'est lui qui a initié le projet d'un livre papier. En d'autres termes, si vous tenez aujourd'hui ce livre entre vos mains, c'est grâce à lui !

• Alexandre, pour sa gestion de projet rigoureuse et son immense culture streetwear. Comme dirait le rappeur Booba : « Ü sur l'habillage. »

• Le charismatique Nicolas, pour sa capacité à nous aider au-delà de nos espérances dans les moments difficiles, en plus de son goût infaillible.

• Sophie, pour son enthousiasme et sa gentillesse.

Nous remercions aussi ceux qui partagent avec une grande générosité leur expérience de la mode ou de la vie :

• Régis Dajczman, notre « coach en testostérone », créateur de la marque When I Was Seven7een (et du célèbre bracelet Atamé), et rockeur à ses heures perdues. Sa vision du style masculin est pointue et inspirante, il nous donne beaucoup de matière à réflexion.

• Régis Pennel, fondateur du site de e-commerce lexception.com, pour sa légendaire gentillesse et sa bienveillance, sans qui nous n'occuperions pas nos locaux. Il nous a offert un soutien infaillible pendant les coups durs. Nous n'oublions pas son équipe, qui nous supporte quotidiennement et nous soutient inlassablement.

• Gilles Masson, fondateur de la marque de costume sur-mesure Gilles M. Sa sagesse nous guide (les fameux ateliers « franç-massonerie »), et sa motivation créatrice à toute épreuve nous rend admiratifs.

Un grand merci à tous les créateurs qui nous entourent et nous font confiance : Melinda Gloss, La Comédie Humaine, Marchand Drapier, Meilleur Ami, Jacques & Demeter, Renhsen, National Standard, Six & Sept, Cuisse de Grenouille, FrenchTrotters, Naked & Famous ou encore Ly Adams. Nous leur souhaitons à tous un très bel avenir.

Merci à nos gourous : Jean-François Noubel et Éric Briones. Le premier nous aide à fonder notre propre philosophie et notre éthique. Le second nous offre un regard perçant sur les tendances de société qui nous entourent.

D'autres encore ont été l'étincelle qui nous a poussés à nous lancer : Baptiste Guyot, Gilbert Von et Julien Finet.

Et enfin, le plus grand des mercis à nos familles, petites amies et amis (et Dieu sait qu'il y a du monde, ce n'est pas la petite bande de La Place qui dira le contraire), présents depuis le début et tout au long de cette belle histoire. Leur soutien, leur amitié et leur amour sont un grand honneur. Ils nous guident. Ils sont notre énergie.

CRÉDITS

PHOTOGRAPHES

Toutes les images © BonneGueule
Sauf :
© Rachel Saddedine : p. 6, 24-25 (au centre en haut), 55, 115, 147 (en bas à gauche et en bas à droite), 150 (en haut), 162
© Emmanuel Vivier : p. 9
© Chloé Gassian : p. 13, 23, 27, 45-49, 63, 89, 99, 109 (à gauche), 119, 121 (à droite), 141, 145 (à droite), 155, 157, 159, 161
© Naked & Famous : p. 61
© FrenchTrotters : p. 69, 83, 85 (en haut)
© Melinda Gloss : p. 73 (en haut), p. 139 (trois photos de droite)
© Studio Veja : p. 77
© éclectic : p. 81
© Rose Callahan : p. 87, en haut à droite
© Andy Barnham : p. 87, en bas à droite
© Duke and Dude : p. 143
© Nicolas Gabard : p. 177, à gauche et en haut à droite

STYLISME

Yangzom Tsering : p. 13, 23, 27, 45-49, 63, 89, 99, 109 (à gauche), 119, 121 (à droite), 141, 145 (à droite), 155, 157, 159, 161

MANNEQUINS

Nous créditons ici leur première apparition dans le livre.
P. 6, à gauche : Benoit Wojtenka
P. 6, à droite : Geoffrey Bruyère
P. 9 : Éric Briones
P. 15 : Carol Sossou, co-fondateur de la marque Hèdus
P. 16 : Yvan Valori, étudiant
P. 19, en haut à droite : Benoit Carpentier, créateur de Marchand Drapier
P. 19, en bas à droite : Florian Deveaux, chef de projet marketing
P. 21 : Nicolas Richard, entrepreneur web
P. 27 : Adrien Penso, co-fondateur de Paris Atelier IX
P. 33 : Vianney Postic, graphiste
P. 35, à droite : Hugo Jacomet, journaliste, fondateur de ParisianGentleman.com
P. 36 : Abdou Bouroubi, chef de projet web
P. 39 : Georges Cohen, retoucheur, RepairJeans.com
P. 45 : Jeff Lastennet, kinésithérapeute
P. 61, à gauche : Brandon Svarc, fondateur de Naked & Famous
P. 61, à droite : Bahzad Trinos, responsable commercial chez Naked & Famous
P. 64 : Alexandre Franza, chef de produit
P. 67 : Vincent Benoît, consultant en nouvelles technologies
P. 85, en haut : Clarent et Carole Dehlouz, fondateurs de FrenchTrotters
P. 90 : Régis Pennel, fondateur de Lexception.com
P. 97 : Régis Djaczmann, fondateur de When I Was Seven7een
P. 99 : Elliot Gustin, étudiant
P. 101 : Laurent Ren, consultant IT
P. 105 : Pierre Grenier, consultant en management
P. 111 : Satya Oblet, mannequin
P. 113, en bas : Georges Som, co-fondateur de Hèdus
P. 120 : Nicolas Maubert, étudiant
P. 139 : Mathieu de Ménonville, cofondateur de Melinda Gloss
P. 143 : mannequin Duke and Dude
P. 145, à droite : Farez Brahmi, mannequin
P. 147, en haut à droite : Thavikham Souphrasavath, étudiant en commerce
P. 150, en bas à gauche : Vincent-Louis Voinchet, fondateur de La Comédie Humaine
P. 155 : Yassine Rahal, mannequin
P. 158, à gauche : Julien Ulrich, entrepreneur
à droite : Laurent Cardon, étudiant en informatique
P. 160 : Luca Mariapragassam, étudiant en commerce
P. 165 : Damien Cocho, agent commercial dans la mode
P. 166 : Samy Senhadji, étudiant en commerce
P. 170, à gauche : Gilles Masson, fondateur de Gilles M
P. 171 : Nicolas Gabard, fondateur de la marque Husbands

MARQUES

P. 6 : chemise Melinda Gloss, blazer MGBG-01 Melinda Gloss x BonneGueule (Benoit), chemise et tee-shirt Monoprix (Geoffrey)
P. 13 : cirage et brosse Centre Commercial, chemise Commune de Paris, tee-shirt Maison Labiche, chaussures Church's
P. 15 : chemise et chino Hèdus, chaussures PANIQ, bracelet House of Vice
P. 16 : pull Melinda Gloss, trench Bill Tornade, jean Nudie, chaussures All Saints
P. 17 : blazer Saint-Paul
P. 19, en haut à gauche : blazer et cravate Husbands, chemise BonneGueule x Marchand Drapier
en haut à droite : tenue complète Marchand Drapier
en bas à gauche : chemise BonneGueule x Marchand Drapier, tee-shirt Monoprix
en bas à droite : chemise BonneGueule x Marchand Drapier, blouson Melinda Gloss
P. 21 : marinière H&M, pantalon acheté en Thaïlande, sneakers vintage de l'armée italienne
P. 23 : chemise La Comédie Humaine, veste AMI, jean FrenchTrotters, chaussures Centre Commercial
P. 24-25 (de gauche à droite), en haut 1 : manteau Melinda Gloss
en haut 2 : tee-shirt BonneGueule x Ly Adams
en haut 3 : costume et cravate Husbands, chemise BonneGueule x Marchand Drapier
en haut 4 : cardigan Surface to Air, tee-shirt American Vintage
en haut 5 : chemise Barba
en bas 1 : chino Melinda Gloss
en bas 2 : jean A.P.C.
en bas 3 : sneakers National Standard
en bas 4 : chaussures Jean-Baptiste Rautureau
en bas 5 : ceinture vintage 1955 de l'armée française
P. 26 : manteau et cardigan Melinda Gloss, jean Naked & Famous
P. 27 : costume Melinda Gloss, chemise Ben Sherman, chaussures Centre Commercial
P. 29 : tee-shirt COS, chino Zara, derby Menlook Label, sac Mannequin
P. 30, en haut : blouson Band of Outsiders, tee-shirt et jean FrenchTrotters
P. 30, en bas : chemise blanche Monoprix, sur-chemise A.P.C., imperméable ciré Holland & Holland
P. 31 : chemise Melinda Gloss, tee-shirt American Apparel, chino cargo Three Animals, sneakers BonneGueule x National Standard
P. 33 : manteau Melinda Gloss, écharpe trouvée en friperie, chemise Zara, cardigan Les Chats Perchés, pantalon Bellerose, bonnet Melinda Gloss
P. 35 : chemise Melinda Gloss, blazer BonneGueule x Melinda Gloss (Benoit), chemise Charvet, veste sport sur-mesure Cifonelli (Hugo)
P. 36 : chemise Junk de Luxe
P. 37 : pull Melinda Gloss, écharpe L'Habilleur
P. 42 : chemise Gaspard Yurkievich
P. 45 : tee-shirt GAP, jean Bonobo, chaussures Monderer
P. 46 : tee-shirt Levi's, cardigan AMI, jean A.P.C., chaussures Monderer
P. 47 : tee-shirt Converse, jean 7 for All Mankind, chaussures Monderer, collier vintage
P. 48-49 : chemise Alain Figaret, cardigan AMI, jean A.P.C., ceinture Urban Outfitters, chaussures Centre Commercial
P. 52 : chemise Hast
P. 55 : chemise Shore Leave, jean BonneGueule x Renhsen, sneakers BonneGueule x National Standard
P. 59 : embauchoirs Monsieur Chaussure
P. 61, au centre : jeans Naked & Famous
en bas : sacs Naked & Famous
P. 63 : pantalon La Comédie Humaine, nœud papillon Scotch & Soda, portefeuille élastico Veja, pochette pour iPad Sandqvist, cahier Centre Commercial, stylo Montblanc, portefeuille bicolore Herschel
P. 64 : chemise A.P.C., short Tommy Hilfiger, chaussures Toms, montre Zeno
P. 66, en haut : sneakers de l'armée allemande
en bas : sneakers Lanvin
P. 67 : tee-shirt H&M, chemise WJK, pantalon Zam Barrett
P. 73, en bas : tee-shirt Unicity
P. 74 : tee-shirt Monoprix, blouson Kai-aakmann, jean BonneGueule x FrenchTrotters, sneakers Lanvin
P. 75 : costume trois pièces Michael Ohnona, chemise Ly Adams, pochette Kimono et cravate Ly Adams
P. 76 : chemise Three Animals, caban Commune de Paris, jean BonneGueule x FrenchTrotters
P. 78 : tee-shirt Still Good, pantalon acheté en Thaïlande, sneakers de l'armée italienne
P. 79 : tee-shirt Still Good, pantalon Three Animals, sneakers de l'armée italienne
P. 85, en bas : jean FrenchTrotters, sneakers FrenchTrotters x Buttero
P. 87, à gauche : veste sport Cifonelli, chemise Howard's Paris, pochette Simonnot Godard
P. 87, en haut à droite : costume croisé Cifonelli, chemise tab collar sur-mesure Courtot Paris
P. 87, en bas à droite : veste sport Cifonelli, chemise à rayures horizontales Marc Guyot, derbys Arca Corthay, chaussettes Gammarelli par Mes Chaussettes Rouges
P. 89 : veste en jean AMI, ceinture Melinda Gloss, chino Woolrich, chaussures Alden, pull marinière GAP
P. 90 : chemise Marchand Drapier, jean Patrizia Pepe, chaussures Marc Jacobs, sac Meilleur Ami
P. 93, à gauche : tee-shirt American Apparel, cardigan Commune de Paris, jean A.P.C., sneakers Lanvin
P. 93, à droite : chemise Marchand Drapier, jean Patrizia

Pepe, chaussures Marc Jacobs, sac Meilleur Ami
P. 95 : tee-shirt American Apparel, cardigan Commune de Paris, jean A.P.C.
P. 96, à gauche : jean Renhsen
P. 96, à droite : jean The Unbranded Brand
P. 97 : chemise vintage Wrangler, jean Levi's Made & Crafted, ceinture, bracelet et chaînette en cuir When I Was Seven7een
P. 98 : pantalon Melinda Gloss, sneakers Lanvin
P. 99 : chemise FrenchTrotters, chino Homecore, tennis Le Coq Sportif, sac Paris Atelier IX
P. 101 : costume Michael Ohnona, chemise Ly Adams, pochette Kimono, chaussures Altan
P. 103, en haut : costume Michael Ohnona, chemise Ly Adams, pochette Kimono, cravate Ly Adams, chaussures Altan
P. 103, en bas : costume et chemise SurMon31
P. 104 : pantalon SurMon31
P. 105 : chemise et pochette Figaret, veste Cast (marque qui n'existe plus), cravate Breuer, lunettes Robert Marc
P. 107, à gauche : costume et chemise SurMon31
à droite : chemise Melinda Gloss, costume Ly Adams, montre Seiko Military, bottines Tabuba
P. 109, à gauche : tee-shirt La Comédie Humaine, jean A.P.C., sneakers Veja
en haut à droite : tee-shirt Surface to Air, bracelet When I Was Seven7een
en bas à droite : marinière trouvée en friperie, bermuda d'un créateur chinois, bracelet When I Was Seven7een
P. 111 : chemise Barba
P. 112, à gauche : hoodie en cachemire Monoprix
à droite : hoodie friperie, tee-shirt American Apparel
P. 113, en haut : pull Arpin, blouson Filson
en bas : cardigan croisé, chemise et jean brut Hèdus, chaussures Schmoove, sac Bill Tornade, lunettes Erodz
P. 114 : blazer et chemise Wooyoungmi, pantalon Incotex
P. 115 : veste et chemise Three Animals
P. 117 : jean Naked & Famous, manteau Melinda Gloss, écharpe Dany Smith, bottines Costume National
P. 119 : tee-shirt All Saints, veste Surface to Air, jean FrenchTrotters, sneakers New Balance
P. 120 : tee-shirt COS, jean Balenciaga, blouson en cuir Julius, sneakers Dior Homme
P. 121, à gauche : tee-shirt COS, jean Balenciaga, blouson en cuir Julius
à droite : tee-shirt All Saints, veste Surface to Air
P. 123, à gauche : blouson en cuir Band of Outsiders, tee-shirt FrenchTrotters x Le Coq Sportif
à droite : blouson Kai-aakmann, tee-shirt Monoprix, jean BonneGueule x FrenchTrotters
P. 124 : ceinture fine Maison Standards, ceinture large When I Was Seven7een
P. 125 : pantalon Monoprix, chaussures Aubercy
P. 126 : jean BonneGueule x Renhsen, bottines Florian Denicourt
P. 127 : jean Renhsen, combat boots Heschung
P. 128 : chaussures Aubercy
P. 131 : pantalon de costume Mickael Ohnona, chaussures Altan
P. 133 : pantalon Wooyoungmi, sneakers Pierre Hardy
P. 134 : pantalon Marchand Drapier, sneakers Lanvin
P. 135, à gauche : pantalon Gustavo Lins, sneakers Lanvin
à droite : jean BonneGueule x FrenchTrotters, sneakers BonneGueule x National Standard
P. 136 : tee-shirt American Apparel, cardigan Commune de Paris, jean A.P.C., sneakers Lanvin
P. 137 : chemise Ralph Lauren, pull GAP, chino Zara, sneakers Nike Air Max 1
P. 139, à gauche : chemise et jean Melinda Gloss, espadrilles Maison Martin Margiela, montre vintage Jaeger-LeCoultre
P. 141 : chemise Bérangère Claire x Centre Commercial, sneakers Nike, foulard Commune de Paris, nœud papillon Cuisse de Grenouille, lunettes de soleil Commune de Paris, carnets Papier Tigre, peigne Galeries Lafayette, produit de beauté Kiels, savon à barbe Mitchell's, ceinture Gant Rugger
P. 143 : chemise Emmanuel Berg, cravate Ly Adams, pantalon Duke and Dude
P. 145, à gauche : pull Neil Barrett, jean Surface to Air, blouson et bonnet Melinda Gloss, lunettes Garrett Leight, chaussures Red Wings
à droite : pull Topman, pantalon Melinda Gloss, sneakers New Balance
P. 146 : tee-shirt American Vintage, écharpe Scotch and Soda
P. 147, en haut à droite : débardeur All Saints, short Rick Owens, montre Issey Miyake, bracelet ramené d'un voyage, sneakers Kris Van Assche
en bas à gauche : chemise Études, bracelet Atamé de When I Was Seven7een
en bas à droite : veste et chemise Marchand Drapier, bracelets ramenés d'Inde
P. 148, en haut à gauche : foulard trouvé en friperie, hoodie Monoprix, tee-shirt American Apparel
en haut à droite : chemise Melinda Gloss, pantalon Ly Adams, montre Omega, lunettes Vinyl Factory, ceinture Beluno
en bas à gauche : tee-shirt FrenchTrotters x Le Coq Sportif, blouson Band of Outsiders, carnet Arts & Science, couteau Man, stylo Montblanc
en bas à droite : cardigan Zara, tee-shirt American Vintage, écharpe Sandro, jean DRKSHDW, montre G-Shock
P. 150, en haut : chemise Études, lunettes Tom Ford modèle Martine
en bas à gauche : lunettes Ray-Ban modèle Wayfarer
en bas à droite : blouson de marque grossiste, lunettes Persol, écharpe American Vintage
P. 152 : tee-shirt Monoprix, blouson Kai-aakmann, lunettes Randolph Engineering

P. 153, en haut : chemise Zara, blazer Three Animals, cravate Topman, lunettes Studio FB Paris
en bas : sweater Carhartt WIP, lunettes Paul & Joe, casquette Kitsuné
P. 155 : chemise Melinda Gloss
P. 157 : blouson AMI
P. 158, à gauche : chemise Monoprix, sur-chemise A.P.C., imperméable ciré Holland & Holland, jean BonneGueule x Renhsen, bottines Weston
à droite : chemise COS, blouson Kiliwatch, pantalon COS, bottines trouvées en friperie
P. 159 : tee-shirt Silent Damir Doma, pantalon Christian Lacroix, chaussures AMI
P. 160, à gauche : tee-shirt Monoprix, short Marchand Drapier, sac BonneGueule x Meilleur Ami, sneakers Lanvin
à droite : chemise H&M, jean Uniqlo, chaussures Asos, montre Seiko Military, bracelet ramené du Sri Lanka, sac River Island
P. 161 : chemise Melinda Gloss, pull Melinda Gloss, cardigan Le Coq Sportif, veste Edwin
P. 162 : chemise BonneGueule x Marchand Drapier, cardigan Three Animals
P. 163 : short Rick Owens, débardeur All Saints, sneakers Kris Van Assche
P. 164, en haut : chemise sans marque, manteau Bill Tornade, pantalon Nom de Guerre, combat boots Heschung
en bas : chemise trouvée en friperie, jean de marque japonaise inconnue, chaussures Gucci
P. 165 : tee-shirt Blue Bell, jean Les Teinturiers, chaussures Last Conspiracy, lunettes La Fabrique, bracelet When I Was Seven7een
P. 166 : tee-shirt H&M, blouson trouvé en friperie, jean DRKSHDW, sneakers All Saints
P. 167 : tee-shirt à l'effigie du blog Couvre-Chefs, short Carhartt, casquette Supreme, chaussures Tom's
P. 169 : tee-shirt BonneGueule x Ly Adams, cardigan Surface to Air, jean BonneGueule x FrenchTrotters, sac BonneGueule x Meilleur Ami, lunettes Randolph Engineering, montre Seiko Military
P. 170, à gauche : chemise Barba, pantalon et veste Gilles M
à droite : pantalon American Apparel, chaussures Sander
P. 171 : chemise, pantalon et veste Husbands
P. 172 : trench Cacharel
P. 173 : jean DRKSHDW, sneakers Lanvin
P. 175, en haut à gauche : bracelet Hermès, montre Chaumet, bracelet ramené de voyage
en haut à droite : chemises La Comédie Humaine
en bas à droite : chemise trouvée en fripe, jean de marque japonaise inconnue, lunettes Ray-Ban, bracelet Hermès, montre Chaumet, bracelet ramené de voyage, chaussures Gucci
P. 177 : chemises, costumes et pantalons Husbands

LIEUX

P. 41 : rue Réaumur, Paris
P. 69, 83 : boutique FrenchTrotters
P. 73 : boutique Melinda Gloss
P. 77 : boutique Centre Commercial
P. 81 : boutique éclectic
P. 139, à droite : boutique Melinda Gloss

NOTES